いったい、保育園ってなに？
幼稚園ってなに？

ずいぶんむかし、通ったことがあるのに、
もうすっかり忘れてしまった。
うちの子が、園通いをする時期になったようだ。
別に行かせなくたっていいけれど、
うちでは学べないことが学べたり、
うちではできないことができるようになったり、
友だちができたり、ひとりではできないことができたり……。
うちの子が、のびのびしている！
いきいきしている！
どうせなら、そんなところを選びたいですね！
うちの子の未来につながっているところ、
うちの子の可能性をひきだすところ……。
これはちょっと、まじめに考えなければいけない問題のようです。

もくじ

子どもも親も行きたい
のびのび園は
どこにありますか？

中瀬幼稚園（東京都杉並区）の場合
行事に追われず「いま」を全身であそんで 6
お話＊井口佳子さん

麦っ子畑保育園（神奈川県座間市）の場合
「食」が育むからだ・ひとの輪 12
お話＊大島貴美子さん

バオバブちいさな家保育園、バオバブ保育園（おおきな家）（ともに東京都多摩市）の場合
土も水も泥も子どもには必要！ 18
お話＊遠山洋一さん、山根孝子さん

こどもの森幼稚園（長野県長野市）の場合
自然が子どもの学び舎！ 22
お話＊内田明子さん、宮崎温さん

里山保育 ひなたぼっこ（長野県松本市）の場合
「静」と「動」のリズムが「学ぶ」姿勢を育てる！ 28
お話＊里山保育 ひなたぼっこのみなさん

まちの保育園 こたけむかいはら（東京都練馬区）の場合
子どものあそびを豊かにする環境・時間づくり 32
お話＊松本理寿輝さん

クーヨンBOOKS ⑬

探していたのはここ！

行きたい保育園
行かせたい幼稚園

ないならつくろう
子どもの居場所

くらすこと こども園 おやまこやま（福岡県糸島市）の場合
地域、自然の中に「子どもの居場所」をつくりたい 72
お話＊藤田ゆみさん

自主保育「そらまめ」（神奈川県三浦郡）の場合
「ひとつのかぞく」のような保育を 78
お話＊山田奈美さん

園を「保育内容」から選ぶ!
園選びの前に考える幼児期に育みたいこと 38
お話＊井口佳子さん

園を「優先順位」から選ぶ!
わがやの園選び 譲れない条件は? 40
お話＊大日向雅美さん

保育園・幼稚園、じつはいろんなかたちがあるんです。
子どもの居場所 早わかり 44
監修＊大豆生田啓友さん まとめ＊編集部

読者の園選び どうしてその園に決めましたか?

その1 森のようちえんピッコロ（山梨県北杜市）
森と仲間のおかげでこころを開けました! 46

その2 東江幼稚園（東京都葛飾区）
子どもと一緒に親も勉強しています 50

その3 久留里カトリック幼稚園（千葉県君津市）
園であそぶ子どもが自由で自然だったのが決め手! 54

その4 子供の部屋保育室（東京都大田区）
子どもをほどよく放っておいてくれるのがいい! 58

その5 小金原保育の会 幼児教室「くるみえん」（千葉県松戸市）
親も子も、やっとほっとできる園が見つかりました 61

その6 シュタイナーこども園 おひさまの庭（東京都八王子市）
急かさず、ありのままを大切に、みんなで育てたいから 64

シュタイナー園、モンテッソーリ園って?
幼児教育おさらい 68
まとめ＊編集部

託親子所「里山ゆうなうらし」（香川県高松市）の場合
地域のママと子どもが集まれる場を 81
お話＊松見千奈美さん

海のようちえん（神奈川県逗子市逗子海岸）の場合
もっと海を「日常」に、子どもも大人も本気であそぶ! 82
お話＊永井巧さん、小野寺愛さん

子どもと親が一緒に育つ
自主保育の場をつくるなら 86
お話＊矢郷恵子さん

NPO法人びーのびーの（神奈川県横浜市）の場合
育て合い、預け合いで育児が豊かに 88
お話＊奥山千鶴子さん

「よそのひと」と
関わる育児がいいんです 92
文＊大豆生田啓友さん

保存版
のびのび園選び
データブック

シュタイナー園 96
モンテッソーリ園 100
森のようちえん・自主保育 105

子どもも親も行きたいのびのび園はどこにありますか？

育児雑誌「月刊クーヨン」が理想としているのは、「その子らしさ」が受け入れられ、子どもが思い思いに過ごせる園。わたしたちの考える「のびのび園」です。各園がどんな取り組みをしているのか、一緒に見てみましょう。

写真／麦っ子畑保育園（P12〜）より

「クーヨン」が考える園選びポイント

子どもの笑顔がバロメーター

- 行事より日常の保育に力を注いでいる
- 食べることを大切に考えている
- 子どものあそびを邪魔しないスケジュール
- 大人が子どもに指示しすぎない
- 知識より前に子どものからだを育てる
- 子どもの話をきちんと聞ける大人がいる
- 保護者に保育のようすをオープンにしている

写真／中瀬幼稚園（P6〜）より

中瀬幼稚園（東京都杉並区）の場合

行事に追われず「いま」を全身であそんで

行事があると、保育者は準備に追われ、子どもも、その練習に追われます。けれど、「いま」を生きる幼児には、「いま」関心があることに夢中になれる時間を、どれだけ保証できるかが重要。土の庭と、保護者も手入れする草花とが虫やそのほかの生きものを呼び込み、樹木の葉のささやきに、風を見ることができる中瀬幼稚園。そんな環境で、手足を育て、豊かな幼児期を過ごす意味を、園長の井口佳子さんに聞きました。

お話＊井口佳子さん（中瀬幼稚園園長）
撮影＊宮津かなえ

中瀬幼稚園
〒167-0022
東京都杉並区下井草4-20-3
tel 03-3395-3636
www.city.suginami.tokyo.jp/kosodate/yakudatsujoho/sugilabo/news/youchien/1014179.html
登園から降園まで、それぞれの興味・発達に沿ったあそびから自分で学んでいく私立幼稚園（認可）。

子ども中心の保育が何より大切です

「幼児期に何を育てたらよいのか、そのためにどんな園を選ぶべきか。これはひとことでは語りきれないことです」と園長・井口佳子さん。中瀬幼稚園は、園バスなし、制服なし、給食もありません。

「では何をしているのか。『ひたすら庭であそびという仕事をしています』と言うよりほかない。以前は、『それが何になるの？』と批判された時期もありました。でも『みんな仲よく』といった抽象的な目標では、大切な幼児期の、3～5歳それぞれの発達段階に沿った保育はできないと感じています。目の前の『いま』を生きる子どもの『きょうの姿』『きょうの課題』をきちんと見て、語れる。本来、保育の現場に必要なのは、そういった保育者の姿勢と、子どもたちの日々の成長に寄り添ってくれる自然環境なのではないかと思うのです。

わたしなりの『よい園』とは、子どもの立場に立って保育を営んでいること。いまこうしてあそんでいることが、今後子どもたちの何につながっていくのかについて、遠くに視点を見据え、ひとつの願いをもって子どもたちと接している園ですね」

家庭でもできること

習いごとを数多くこなすより、幼児期は外あそびや、自由に絵を描く時間など、自主的なあそびを大切に。

園庭の築山を駆け下りることができるようになったよろこび！ 高いところに登ったり降りたりを、こころゆくまでくり返す子どもたち。「園行事が、子どものためというより保護者に対して、子どもが何かできるようになったと実感させるためのものになっていることも。一人ひとりの発達段階に沿った日常の保育を、ぜひ大切にしたいですね」（井口さん）

見ーつけた！

土や落ち葉をかきまわすと、ミミズやナメクジ、ダンゴムシがたくさん。いつも草むらや土の手入れをしているからでしょう。中瀬幼稚園の子どもたちは、そうした虫などの名前をよく知っています。

知ってる？竹の子って生でもおいしいの。

この日は竹の子掘り。昨年経験した子たちは、掘りあげた竹の子をさっそく口に。「皮に梅干しを入れて吸うとおいしいよ」なんてことも知っています。

子どもたちが毎日たくさんの発見をし、違いに気づく

この時期の子どもは、草花を摘み、鳥の声を聞き、虫をじっと見たり捕まえたりすることが好きです。ですから、かすかな違いにも敏感です。「違い」に気づく力は、人間の基礎力であり、幼児期に育つものです。

見て！オタマジャクシすくえたよ！

水たまりのオタマジャクシは子どもたちの人気者。傷つけぬよう、両てのひらをお椀のようにしてそっとすくうことを、数回のチャレンジで会得。

これはね、おいしいごはんなの。

ままごと大好き。野の草があれば、何にでも変身させられます。時間に縛られず、こころゆくまで打ち込めば、きっと豊かな思い出になるでしょう。

家庭でもできること

種類の違う植物を、家の庭やベランダで育ててみてください。植物には日々の変化があり、個々の違いがあるので、子どもには発見が多いもの。虫にもぜひ注目を。

家庭でもできること

「絵は『よい』『悪い』でなく、描くものすべてに意味がある」と井口さん。発達ごとの特徴を知っていると、絵から子どもの思いが見えてきます。

子どもたちが好きなときに好きなように描いた絵が、あちこちに貼ってあります。
「どれひとつとして、同じ絵がないというほうが、じつは自然なこと」（園長・井口さん）

「描かされる絵」ではなく「描きたい絵」を描く

「運動会の絵」や「遠足の絵」など、終わってしまったことを描くのは、とくに低年齢の幼児にはむずかしいもの。それより、いま目の前のものを思い思いに描くほうが、「自分の絵」が生まれてきます。それは子どものいまの「こころの声」でもあります。

園長・井口さんが折々、保護者向けに「幼児画の見方」をレクチャーする中瀬幼稚園。
絵からこころの声が見えると、子どもがいっそう愛おしくなります。

同じ木の絵でも、一人ひとり、発達段階ごとに特徴が出てきます。枝に止まる鳥を丹念に描く子や、黒く枝を茂らせる子など、すべてに意味が見出せます。

子どもに「命令」や「指示」ばかりするのではなく、ともに発見し、よろこび合い、さりげなくおしえる大人。そんな相手に子どもの信頼が寄せられます。

保育者はまず子どもの味方、保護者と子どもの通訳

中瀬幼稚園の保育者は「目の前の子どものなかで起きていること」を理解しようと努めます。子どもの発達段階を熟知し、いまの状況を把握して対処。毎日降園時に保護者に「きょうのできごと」を報告することで、子どもと保護者をつなぐ「通訳」となります。

中瀬幼稚園では、保育者も子どもと一緒に全力であそびます。子どもの気持ちがわかるには、それがいちばんの方法！

降園時、クラスごとに保育者が保護者に「きょうのできごと」を報告。園バスがなく、送り迎えするからこそ。子どもへの理解もぐっと深まります。

家庭でもできること

園にすべておまかせにせず、ときおり園に足を運んで保育のようすを見るのも勉強に。日々の成長をぜひ親子で分かち合いたいところ。

「たけのこが掘れた！」。子どもの力ではなかなかむずかしい大物を掘りあげ、保育者もともに「やったー！」と大満足。

子どもと一緒に育つ保護者 園は仲間と出会える場所

園庭の植物の手入れ、園の畑の整備など、中瀬幼稚園では保護者も保育に参加したり、環境を整えるお手伝いをします。これらの作業に汗をかきつつ育児情報を交換したり、気の合う仲間を見つけたり。園生活が、保護者の成長にも役立ちます。

芋畑。植えつけ前のひととき、泥あそび場にするため、保護者が土を掘り返す作業を。先輩ママに聞きながら、和気あいあいと。

保育時間中も、園庭のあちこちで植物の手入れをする保護者の姿が。自分たちで手入れすると、興味も深まり、植物が身近になります。

家庭でもできること

育児は、話の合う仲間がいたほうがラクになるもの。園以外でも、家の近所、地域サークルなどで、勇気を出して、仲間を見つけてみると新しい世界が開けます。

豊かな「感覚体験」は子ども時代に育てたい

「現代の子どもたちは、野あそびのなかで、草を摘んだり、虫を採ったりという経験をすることが環境的にむずかしいですね。そのために『不器用さ』という課題を抱えていると感じています」と園長・井口さん。

井口さんは、日々子どもたちと園庭で過ごし、同時に子どもの写真を撮り続けてきました。そうすることで、「いま現在」の子どもたちのようすが見えてくると言います。

「見えてきた課題については、その理由を考え、補う方法を探してみる。そして保護者に『草をたくさん摘むと手先の使い方が器用になりますよ、種をつまんでまくのもいいですね』などとお話したり、園だよりに書いたり。つまり、保育者は子どもの通訳なんですね。

いま子どもたちは、何でもサービスされすぎ、受け身になっています。だから、自分で種をまき、育て、虫を採り、といった能動的な経験をしてほしいと考えています。育っていく植物の姿から、子どもたちはたくさんの驚きを体験することができます。幼児期のひとつの課題は『変化に気づく』ということではないかと、わたしは考えているのです。大人は知識で見分ける傾向がありますが、子どもは感覚で違いを見分けているようです。自分が育てたもの、好きなものの変化ならなおさら、気づきやすいですよね」

幼児期にこそ旺盛に育つ「感覚」。この時代だからこそ、園選びに加えたい視点です。

＼きょうも たのしかった！／

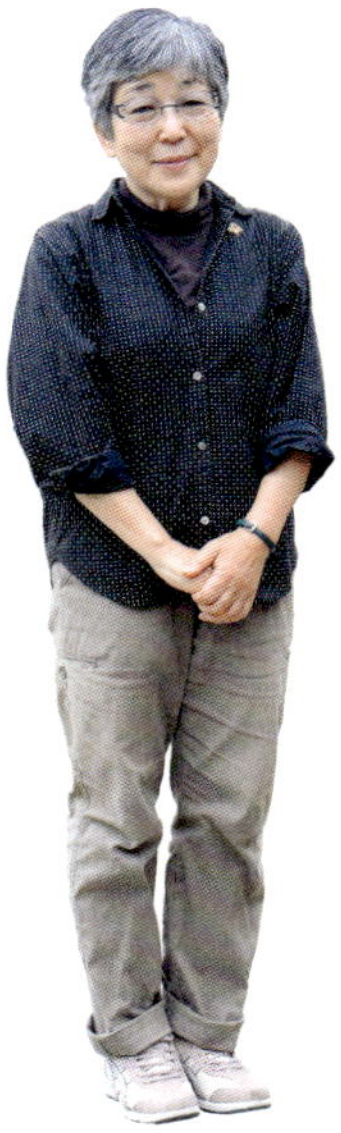

いぐち・よしこ　大妻女子大学非常勤講師。親の代からの幼稚園を引き継ぎ、40年以上。畑だった広い敷地を活かし、都市にあって自然と触れられる園に育ててきた。幼児画についても造詣が深い。著書に『幼児の描画表現』『幼児期を考える』（ともに相川書房）など。また中瀬幼稚園の保育を記録した映画に「風のなかで―むしのいのち くさのいのち もののいのち」（グループ現代）、「子どもは風をえがく」（筒井勝彦／監督）がある。

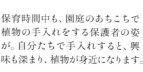

麦っ子畑保育園（神奈川県座間市）の場合

「食」が育む からだ・ひとの輪

「食をおろそかにするひとは、人間関係をもおろそかにしがち」と話す、麦っ子畑保育園園長の大島貴美子さん。ここの子どもたちは、給食もおやつも残さずぺろり。それもそのはず。毎日園内で手づくりされるごはんは、自然の旨みたっぷりで、箸が止まらないおいしさです。同園が「食」を大事にする理由に迫ります。

お話＊大島貴美子さん（麦っ子畑保育園園長）
撮影＊イシワタフミアキ

乳児クラスの子が給食を食べているときは、年長の子が自分から配膳のお手伝い。

4～5歳児はツリーハウスで給食タイム。おかわりの往来が止まりません。

どんな子も一緒に「同じ釜」のめしを

「みこべ、ただいまー」。散歩から帰って来た子どもたちに、「おかえり」とやさしく声をかけるのは、「みこべ」こと園長・大島貴美子さん。調理室からは給食のおいしそうな匂いが漂います。

天気のいい日は園庭で給食をとる園児たち。準備ができた乳児クラスの子から席につくと、年長の子たちが配膳や食事の介助を自然と行います。園舎内ではお昼寝用の布団敷きを買って出る子も。

「麦っ子の子は働き者。こちらが何も言わなくとも、日常のお仕事をよろこんでやります。ひとの役に立つのがうれしいことだというのが、経験的にわかっているんですね」と大島さんは言います。

同園の給食やおやつは、日本の伝統食をベースに、園児一人ひとりの成長や体調、アレルギーの状態に合わせて対応しています。雑穀入りのごはんとみそ汁、無・低農薬の旬の野菜を中心に、食品添加物不使用の調味料でシンプルに調理。アレルギーのある子もない子も、みんな「同じ釜のめし」を食べて育ちます。

麦っ子畑保育園
〒228-0015
神奈川県座間市南栗原1-4-2
tel & fax 046-255-7087
mikobe@mugikko.org
www.mugikko.org
自然の旨みたっぷり、安心・安全な手づくり給食で、からだとこころを育む保育園（無認可）。

年上の子を見て自然とあと片づけを行うように。

年長さんは、食事の介助だって自分からすすんで行います。

給食の時間

家庭でもできること

日本の伝統食をベースに毎日の献立を。だしをしっかりとれば、少しの調味料で満足感のある味に。白米に雑穀を混ぜるのもおすすめ。

天気のいい日は園庭で給食。2歳頃から箸をじょうずに使えます。アレルギー食は「油なし」の名で子どもたちに浸透。だしがしっかりきいているので、動物性食品がなくとも満足感たっぷり。給食を残す子はほとんどいません。

［月刊クーヨン］2015年7月号に掲載された記事を再編集しています。

アレルギーや障がいなど弱い立場の子を排除しない

たとえ重度のアレルギー症状のある子でも、障がいをもつ子でも、排除や差別をせず受け入れるのが同園のモットー。食事ひとつとっても、園児一人ひとりのからだの状態に合わせて手づくりします。

油なし食 アレルギー対応食のメニュー。普通食の「車麩のくず煮」を「じゃがいものくず煮」に。みそ汁の具材は、大根、めかぶ、きのこ、わかめ、大根の葉。大豆を含まないひえみそを使います。

普通食（油あり食） この日のメニュー。みそ汁の具は、たけのこ、にんじん、大根、ごぼう、えのき、大根の葉、菜の花。アレルギーの子には、ごはんに含む雑穀の割合を普通食より多めにします。

離乳食 3歳までは全員、「油なし食」を食べます。離乳食は、油抜き食から取り分けて、細かく切ったりつぶしたりしただけ。

家庭でもできること

アレルギーの有無によらず、少し調子がよくないときなどに油なし調理を取り入れてみて。内臓に負担が少ないので回復も早いはず。

「食」を大事にする子は人間関係も大事にする

麦っ子畑保育園の給食が現在のようになったのは、1987年の10周年記念行事での、小児科医・真弓定夫さんの講演会がきっかけでした。

「人間の歯のほとんどを、穀物を噛むための臼歯・野菜を噛むための門歯が占めることから、穀物菜食を中心とした伝統食が理想的だという話が腑に落ちました。そこから一転、職員みんなで猛勉強の日々でしたね。

以来、穀物菜食中心で牛乳なしの給食を続けてきましたが、成長にまったく問題は感じません。全体的に小柄な子が多いですが、麦っ子の子は皮膚に弾力があり、からだが締まっています。また『麦っ子の園児は穏やかな子が多いですね』とよく言われますが、やはり食事は、からだだけでなくこころも育てるものだと思います。実際、食べものをいい加減に扱う子は人間関係もいい加減。だからわたしは食事を粗末にしたときは本気で怒ります。カロリーさえ満たせば、という食事と、自然の恵みをいただく感謝のある食事とでは、こころへの影響も違ってくるのではないでしょうか」（園長・大島さん）

家庭でもできること

旬の食材はその季節の人間のからだに合ったもの。毎日の食事に旬の食材を取り入れるだけでも、健康食に一歩近づきます。

「栄養だけでなく自然の恵みをいただくのが基本です。ゆでるだけ、蒸すだけなど、調理はなるべく手を加えずシンプルに、季節の食材を活かした献立づくりをこころがけています」と、調理担当・北村聡美さん。油なし食、普通食(油あり食)と、間違いのないよう、チェック表を見ながらつくっています。

旬の安全な野菜を中心に日本の伝統食が献立の基本

調理担当の職員3人が、子どもたちの食事を毎日手づくりしています。

普通食で使う米みそ(左)と、大豆を使用しないアレルギー対応食用のひえみそ(右)。

3.11後は、放射能対策も考えながら、おもに九州など西日本や北信越の野菜を取り寄せています。米は新潟・糸魚川や北海道から。園長・大島さんの郷里・長野からはりんごも。かつお節よりからだへの負担が少ないと言われる、いわしや昆布でしっかりだしを取るのが基本です。

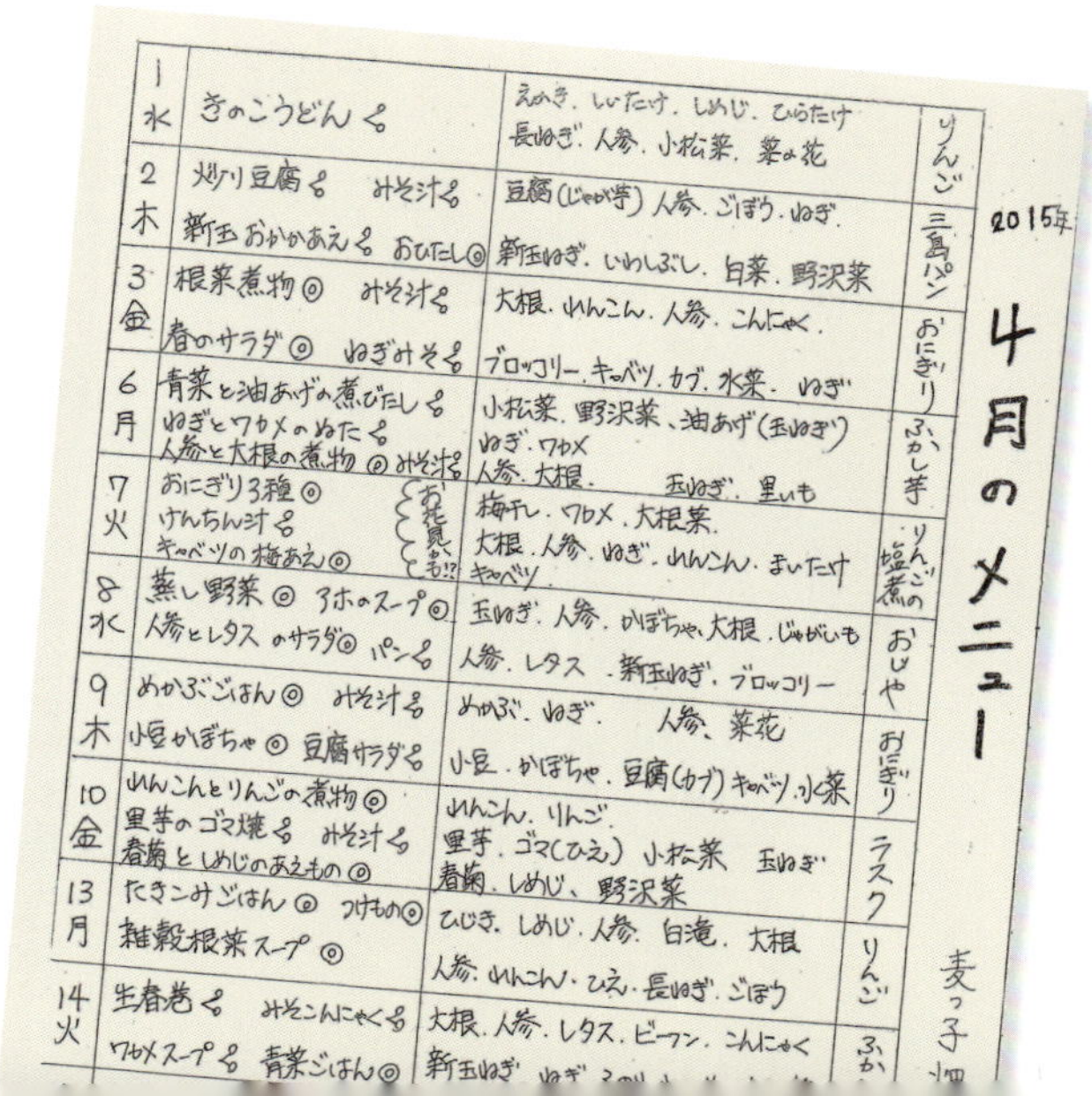

2015年 4月のメニュー

1 水	きのこうどん	えのき、しいたけ、しめじ、ひらたけ 長ねぎ、人参、小松菜、菜の花	りんご
2 木	炒り豆腐 みそ汁 新玉おかかあえ おひたし◎	豆腐(じゃが芋) 人参、ごぼう、ねぎ 新玉ねぎ、いわしぶし、白菜、野沢菜	三島パン
3 金	根菜煮物◎ みそ汁 春のサラダ◎ ねぎみそ	大根、れんこん、人参、こんにゃく ブロッコリー、キャベツ、カブ、水菜、ねぎ	おにぎり
6 月	青菜と油あげの煮びたし ねぎとワカメのぬた 人参と大根の煮物◎ みそ汁	小松菜、野沢菜、油あげ(玉ねぎ) ねぎ、ワカメ 人参、大根、玉ねぎ、里いも	ふかし芋
7 火	おにぎり3種◎ けんちん汁 キャベツの梅あえ◎ (お花見かも!?)	梅干し、ワカメ、大根菜 大根、人参、ねぎ、れんこん、まいたけ キャベツ	りんごの塩煮
8 水	蒸し野菜◎ アホのスープ◎ 人参とレタスのサラダ◎ パン	玉ねぎ、人参、かぼちゃ、大根、じゃがいも 人参、レタス、新玉ねぎ、ブロッコリー	おじや
9 木	めかぶごはん◎ みそ汁 小豆かぼちゃ◎ 豆腐サラダ	めかぶ、ねぎ、人参、菜花 小豆、かぼちゃ、豆腐(カブ) キャベツ、水菜	おにぎり
10 金	れんこんとりんごの煮物◎ 里芋のゴマ焼 みそ汁 春菊としめじのあえもの◎	れんこん、りんご 里芋、ゴマ(ひえ) 小松菜 玉ねぎ 春菊、しめじ、野沢菜	ラスク
13 月	たきこみごはん◎ つけもの◎ 雑穀根菜スープ◎	ひじき、しめじ、人参、白滝、大根 人参、れんこん、ひえ、長ねぎ、ごぼう	りんご
14 火	生春巻 みそこんにゃく ワカメスープ 青菜ごはん◎	大根、人参、レタス、ビーフン、こんにゃく 新玉ねぎ ねぎ	ふか

麦っ子畑

毎月配られる献立表の一例。◎は、アレルギー食との共通のおかず。さくらんぼのようなマークは区別してつくるおかず。

園の外でも中でも裸足の子どもたち。園内に入った砂は、もちろん子どもたちが掃除します。

薄着・素足の生活、みんなとの外あそびでからだづくり

基礎体温を上げるためにも、一年中薄着・素足で過ごし、夏も冬も冷暖房に頼らない生活を送ります。皮膚を鍛えることで粘膜も丈夫になり、アレルギー体質の改善にも。たくさん動いて汗をかけば、内臓機能もしっかり働き、風邪知らずのからだに。

ツリーハウスは卒園児の手づくり。周囲には園で飼っているニワトリたちがうろうろ。

給食のあと、0〜3歳児クラスの子どもたちはそのまま屋外で入浴します。冬でも同じ。お風呂には太陽の光であたためたお湯を循環させて使っています。

家庭でもできること

せめて家の中では裸足になる。車移動よりひと駅歩く、など、とにかく足を使う機会を増やしてみて。おしゃれな重ね着より薄着のほうが着心地もよいはず。

「昔の路地裏のような環境に近づけたい」と園長・大島さん。飼っている動物や、保育者含め異年齢のさまざまなひとたちで混沌とした園内が理想、と語ります。

おやつの時間

家庭でもできること

何でも先まわりして大人がやってしまわずに、ときには子どもに仕事を任せてみましょう。任されたことがうれしくて、意外とよく動いてくれるはずです。

年長さんが配ってくれた塩りんご（塩を振って蒸し煮したりんご）を瞬く間に平らげる子どもたち。もう夢中です。

職員、子ども、親が管理し合わない

同園では、保育者を「○○先生」ではなく愛称で呼びます。大人も子どもも同じ土俵で一緒にあそんで、たのしめる関係性を大事にしています。

大人気の塩りんご

ちいさい子には、年長の子が自然と寄り添い、食事を介助。保育士からの指示はありません。

いつでも帰れる「居場所」としての園を

「ただいま!」。昼下がり、小学校の授業を終えた子たちが園庭に。同園併設の学童保育所の利用者です。「『ただいま』が言える場があるって大事。実際、卒園してからもふらっとあそびに来てくれる子が多いんですよ」と大島さん。卒園生で、現在は学童保育所の職員をしている岡本芙紀子《ふきこ》さんもそのひとりでした。「本気で話し合ってぶつかり合える仲間がいるのが、麦っ子のいいところ。悩みが多かった高校時代、ふと、ここに寄ったら、担任の先生がまだいたりして。麦っ子は帰る場所のひとつなんだなと思いました」。

単なる「預け先」ではない、おなかもこころも満たされる保育に、子育ての本質を見ました。

おおしま・きみこ　公立保育園勤務時代、「普通児に悪影響のない程度の障がい児しか入園できない」と公言されることに疑問を抱く。「どんな子でも受け入れよう」と、１９９７年に自宅を開放し、麦っ子畑保育園を立ち上げる。自身の乳がんを食事療法で乗り越えた経験からも食の大事さを痛感している。愛称「みこべ」は、名前の「きみこ」に愛称に多い「べえ」をくっつけて縮めたもの。

バオバブちいさな家保育園、
バオバブ保育園（おおきな家）（ともに東京都多摩市）の場合

土も水も泥も子どもには必要！

近頃では、園庭のない保育施設が認可されるようになるなど、乳幼児期に自然とふれあう機会がますます少なくなりつつあります。「衛生管理」のためにと、泥や砂に触れさせない家庭も……。でも本来、自然との関わりのなかで生きてきた人間。極端な清潔志向が、「生きる力」を奪っていることも否めません。自然と適度に関わることに、どのような意味があるのか。バオバブちいさな家保育園とバオバブ保育園（おおきな家）の例から見てみましょう。

お話＊
遠山洋一さん（バオバブちいさな家保育園園長）
山根孝子さん（バオバブ保育園園長）
撮影＊イシワタフミアキ

過剰な除菌環境では免疫力が育たない

コンパクトながら、山あり、トンネルあり、水場あり……。「あそび」を誘うつくりの園庭で、子どもたちは泥んこもいとわずあそびます。

「家庭で泥んこになってあそぶ経験がなかった子どもたちのなかには、最初この環境に抵抗を示す子もいます。保護者にも、もちろんそういう反応をされる方があります。でも、ほかの子がたのしそうに泥んこあそび、水あそびに興じているのを見て、子どもはまねしたくなるんですね。どの子もだいたい、抵抗感が薄れていきます」と、バオバブ保育園（おおきな家）を創設し、いまはバオバブちいさな家保育園園長・遠山洋一さんは話します。40年近く保育に関わるなかで、最近の傾向として、子どもの発熱や病気の際「ちょっとようすを見よう」というゆとりが、保護者になくなってきたように感じる、と遠山さんは言います。

「現在の保護者世代は、熱が出ればすぐ病院、薬、という環境で育ってきていますから、無理もないと思います。ただ、安全や清潔が第一とされ、また病気やけがを避けようとするあまり、大人が慎重になりすぎてしまうこともあるのではないでしょうか。子どものこころが困難な場面にぶつかって成長していくように、からだのほうも病気を経て抵抗力をつけ、ケガをしながら危険と安全をわかっていきます。あそびのなかのちいさなケガや、子どもがかかるほとんどの病気は自然に治っていくものです。過剰な医療や安全清潔指向が、子ども本来の育つ力を制限してしまわないように、と思います」

バオバブちいさな家保育園の園庭。1973年創設のバオバブ保育園を皮きりに、東京と神奈川に5園を展開。子どもの生活の場、育ちの場として、子どもたちの自主性が発揮できる保育をこころがける。

社会福祉法人　バオバブ保育の会
バオバブちいさな家保育園（2014年に移転・改名）
〒206-0002　東京都多摩市一ノ宮3-9-1
tel 042-375-4701　fax 042-374-5473　http://baobabcc.jp/chiisanaie
バオバブ保育園（おおきな家）
〒206-0002　東京都多摩市一ノ宮1-20-3
tel 042-375-4640　fax 042-375-4644　http://ookinaie.baobabcc.jp
ともに、0～5歳までの私立認可保育園。若葉台（稲城市）、霧が丘（神奈川県横浜市）、喜多見（世田谷区）に系列の保育園があるほか、多摩市に2つの学童クラブがある。

＊「バオバブちいさな家保育園」の写真は、移転前の「バオバブ保育園ちいさな家」のものです。現在の園舎のようすとは異なりますが、土や泥に触れ合える場であること、何より子どもたちがたのしそうにあそぶようすは当時と変わらないため、そのまま掲載しています。

バオバブ保育園の園庭で。「汚れ」を気にするのは大人の都合。子どもは好奇心の赴くまま、泥水に飛び込みます。ポケットには捕まえた虫が。

無菌環境では、免疫力が育ちません

汚れを恐れて子どもが
本来大好きな泥んこあそびや
自然とのふれあいを避けてしまうと、
子どもの成長する力が限定されてしまいます。
何より、「こころとからだの免疫力」は、
自然との関わり、
仲間との関わりのなかで
育まれます。

午前中は泥んこや水あそびの時間。思いっきり全身であそびます。洗濯は大変でしょうが、このがんばりを見て！

アリをぼーっと観察する、穴を掘るなど、大人にはムダと思える自然とのかかわりこそ、子どもの内面が育っている時間。だから大切にしています。

どうやってあそんだらいいのかわからない子も、思いっきりあそべる環境と仲間の姿があれば、前に踏み出していけます。（バオバブ保育園園庭）

泥んこあそびでは 子どもの目の輝きが違う

バオバブ保育園（おおきな家）の園長・山根孝子さんは、「泥んこあそびは、子どもたちの目の輝きが違うんです」と話します。

「バオバブ保育園2園がある多摩市は、近くに多摩川や林、田畑があるので、子どもたちとはよく散歩で出かけます。保護者の方は案外、近くのこういった自然とのつき合い方をご存じないので、保護者が参加できる機会もつくっています。川原の土手で草すべりなどやると、大人もよろこんでますね」（おおきな家園長・山根さん）

「乳幼児期は五感を、気持ちいい、こわい、いやな感じといった感情を伴って感じることが大切だと思っています。何より経験があるということが、知識だけで『知っている』より、のちの人生での厚みが違う気がするんですね」（ちいさな家園長・遠山さん）

極端な清潔指向は、子どもの貴重な経験を奪いかねません。適度なつき合い方を、学んでいきたいですね。

土や水は人類と共にあったもの。それなしで生きていけません。子どもたちの遺伝子はそのことを知っているのかも。

子どもが発見した謎の卵を巡って、保育者と子どもたちが大騒ぎ！ 整然と並ぶ虫の卵、子どもには「きれい」と思えるのでしょうね。

大人の励ましや見守りがあれば、いろいろなことにチャレンジするのが子ども。先入観なく関心をもったものに向かえる時期から、自然とのつき合いをはじめれば、抵抗は少なくなります。

とおやま・よういち　社会福祉法人バオバブ保育の会常務理事・バオバブちいさな家保育園園長。13年間の会社勤務を経て、1973年、東京都多摩市にバオバブ保育園を開設。理事長に就任。著書に『心を感じる自然を感じる』（筒井書店）ほか。

やまね・たかこ　社会福祉法人バオバブ保育の会理事、バオバブ保育園園長。子どもたちとともに、保護者も一緒に育つ場として保育園を見守り中。貸出図書コーナー設置や、毎日「壁新聞」で保育のようすを伝えるなど、開かれた園を育てている。

こどもの森幼稚園（長野県長野市）の場合

自然が子どもの学び舎！

こどもの森幼稚園は、その名のとおり、「森」が子どもたちの学びの場！子どもたちは、自然あそびを通してからだとこころを育みます。

お話＊内田明子さん、宮崎温さん（こどもの森幼稚園）

撮影＊宇井眞紀子

外壁上部は漆喰、下部は羽目板。内壁はカラマツの腰板・スイスウォール、床材はヒノキなど、できる限り自然素材を利用した園舎。
写真提供＊こどもの森幼稚園
＊22ページの写真を除き、園舎の写真は2011年当時のものです。現在の園舎のようすとは変わっている部分もあります。

学校法人いいづな学園
こどもの森幼稚園
〒380-0888
長野県長野市上ヶ屋2471-2554
tel 026-239-3302
http://iizuna-gakuen.ed.jp/kodomonomori/top.html228-0015
一日を森の中で過ごす〈森のようちえん〉（認可）。古民家とヨーロッパの民家を意識した園舎（左上写真）あり。

大人でもちょっときつく感じるほどの急な傾斜を、子どもたちは、登降園のたびに上り下り。
外あそびの時間には、みんなで坂をダッシュ！ 健脚！

朝の会では、自然に親しむこころを

朝の会では、虫や植物などが登場する手あそびや、詩、季節感のある絵本の読み聞かせなどをしています。まずは自然とつながり、自然を友だちと思うこころを育みます。

「きょうも一日、いっぱい、あそぶよ！」

9時10分にバスが到着。バス登園する子と、家の車で登園する子の割合は2:1。

「あっちゃん、おはよう！」

「みんな、おはよ〜」

通称「あっちゃん」こと、スタッフの宮崎温さんがふもとでお迎え。元気よく挨拶をして園舎に向かいます。みんな朝から、顔つきがシャキッ！

リュックをかけたら、朝の会へ。鈴がなったら朝の会がはじまる合図。そろそろ聞こえてくるかな？

9時30分頃から朝の会。出欠をとったら、「自然と仲よくします」という歌やお祈り、手あそびなどを。登園時の元気いっぱいなようすとは変わり、子どもたちの間には静かで集中した時間が流れます。

室内でも季節を感じられるよう、植物が飾られて。グロッケンを奏でながら、朝の会は進行。

いよいよ、外あそび！

リュックと長靴姿が登園スタイル！

JR長野駅から、くねくね山道を車で走ること30分。標高1000メートルを超える山深い飯綱高原に、こどもの森幼稚園はありました。もとは東京都内の幼稚園に勤務していた園長・内田明子さん。シュタイナー*教育の考えに触発され、同じく保育士だったお連れ合いと自然の中での幼児教育を目指し、長野県に移り住んで早20年以上。園舎をもつことが少ない〈森のようちえん〉には珍しく、小高い山の頂上には、古民家の雰囲気を持つ園舎がどっしり。急な坂を、子どもたちはリュックを背負って長靴を履いて、毎朝、ぐんぐんと元気に登って行きます！

*シュタイナー教育については、P68を参照ください。

きょうは何して過ごす？

朝と帰りの会、お昼ごはん以外は、基本的に森への散歩や外あそびの時間。きょうは、どんなあそびが生まれるのかな？

みんなで育てた野菜を収穫

園の敷地内には、畑が3つ。育てているのは、トマト、きゅうり、いんげん豆、じゃがいもなど。みんなで水をまいて育てます。食べ頃のものを、この日は収穫。たくさん採れました。

暑い日は、大人も一緒に水あそび！

通称「えてちゃん」ことスタッフ・佐久間孝之さんが、何やらホースを出してきて……。水まきかと思いきや、強力な水でっぽうに！ みんな歓声をあげながら、えてちゃんにも水をかけようと、果敢にチャレンジ。みんな、びしょ濡れだけど、決して顔はイヤじゃなさそう！

野草を使って草笛あそび

野山に生えている植物「イタドリ」。春のやわらかいものをかじるとすっぱいので、子どもたちは「山レモン」と呼んでいます。成長して幹が太くなったイタドリは、てのひらサイズに切れば、草笛に早変わり。

外で食べるお弁当はおいしいね！

あそびにあそんだ、午前中。もう、みんな腹ペコ！ モリモリ食べっぷりが見事でした。みんなで採ったきゅうりといんげん豆は、新鮮でおいしい！ 食べ終わったら、お迎えまで再び、外あそびに戻ります。

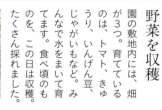

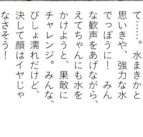

雨降り以外は、外のベンチでお昼ご飯。

枝の先にぶらさがっているのは、巨大いも虫。
ギャ〜！　びっくり！　でも、とってもうれしそう！

自分でもいだきゅうりは愛着ひとしお。
思わず、にっこり。

「ガブッ！」いい音しました。
きゅうりの丸かじり。

「おひとつ、どうぞ」「あーん」
葉っぱをごはんに、おままごと。

いい顔してるの、だーれだ？

午前も午後も外あそびだなんて、
飽きちゃわない？　なんて心配は、ご無用！
この顔を見れば、自然との
ふれあいのたのしさが一目瞭然。
みんな、いい顔してますね！

タライを水でっぽうの盾がわりに……。
チャレンジ精神旺盛！

なんだか気持ちよさそうに寝そべっていますね！
木をベッドにムニャムニャ……。

「わたし、こんなこともできるんだ！」
じょうずに遊具が使えるようになるって、うれしいね。

あら、森の妖精かしら？
お気に入りの場所でのんびり……。

卒園までの3年を通して成長を見守る

躊躇やためらいも大事なこと。今年、苦手だったことは来年、再来年、またチャレンジすればいいんです。子どもの育ちは植物と一緒。ゆっくりと焦らずに、見守っていくのが、森のようちえんです。

ケガはほとんどありません

ひと山まるごとが園庭のこどもの森幼稚園。子どもたちは、丘を駆け上り、草むらで寝転がり、沢で水あそび……あらゆる場所でめいめいにあそびを生み出していました。なかでもひときわ目をひいたのが、木登りがじょうずな子どもが多いこと！

ある子は、見上げるような大きな木にするするっと登り、「蝉の抜け殻、見っけ！」と満面の笑顔。「よく、木登りなんかして危なくないんですか？　と聞かれますが、ケガや事故はほとんどありません。子どもたちは、自分の力量をわかっています。ジャングルジムや滑り台などの遊具は、誰もが登れるようにつくられています。でも、自然はそうではありません。だからこそ、自分の力がわかるし、もっとチャレンジしてみたくもなります」

こどもの森幼稚園園長・内田明子さんは、そう語ります。自発的なあそびが、自分のやる気を育て、いつしか目指したい自分の姿に近づいていく……。自然から子どもたちは、さまざまなことを感じます。それらは自分の感性と呼応して、その子自身を動かし、行動への意欲や想像力、観察力、ことばの表現へとつながります。これからの子どもたちに必要な力は、自然のなかにそのヒントがありました。でも、最初からみんな外あそびが得意な子たちばっかりだったのでしょうか？　スタッフ・宮崎温さんは、こう話します。

「入園したばかりの子で虫が怖くて触れない、なんてことはよくあります。自然の中でどうやってみんなとあそんだり、動いていいかわからず、立ち尽くしてしまう子も。でも、無理強いはしません。ちょっとずつ、こころとからだが慣れていけばいいんです。一年ごとの成長も見ていきますが、卒園までの3年間で、その子がどう変化をしたかが大切です」

自分とひととの違いをわかっているから、自分の力を確かめたくなる。そして何度もくり返し試して、ゆっくりとからだとこころができあがっていく。まるでちいさな種から芽吹いた若木が、季節を超えて立派な大樹に育つように、子どもたちも一歩一歩、成長していくのでしょう。

春

夏

秋

冬

春は水芭蕉散策や菜の花畑、そばの花咲く高原を散歩。夏は近くのキャンプ場であそんだり、秋はお米の収穫。冬は雪あそび。四季折々のあそびと学びがたくさん。（撮影…宮崎温）

写真右…うちだ・あきこ　こどもの森幼稚園園長。東京のど真ん中で育った都会っ子。でも、木登りをしたり自然好きなのは昔から。やさしい笑顔で園児に人気。

写真左…みやざき・あつみ　こどもの森幼稚園スタッフ。歌をうたうこと、ギターを弾くことが大好き！　オリジナルの曲をつくり、子どもたちと一緒にうたうことも。

里山保育 ひなたぼっこ（長野県松本市）の場合

「静」と「動」のリズムが「学ぶ」姿勢を育てる！

長野県松本市の山深い場所に、共同保育で運営する「里山保育 ひなたぼっこ」はあります。そこでは、静（室内）と動（野外）の自発的なあそびへの集中を通して、子どもの発達を促していました。

お話＊里山保育 ひなたぼっこのみなさん
撮影＊砺波周平

からだと脳の発達に欠かせない要素が園生活には詰まっています！

外あそびで生命・運動感覚を育てる

予測できないことが起こる野外環境でのあそびは、さまざまな動きを学び、いのちを守る基本姿勢を育てます。

室内あそびで繊細な感覚と思いやりを育てる

壊れたり、破れたりする繊細なものであそぶことは、力の加減をはじめ、協調性や他者への思いやりなどを育てるために重要です。

くり返しの生活リズムで安心感を育てる

生活リズムや、ものの置き方などに秩序のある状態が安心感を育てます。生活の一つひとつも、子どもはあそびとしてたのしむことができます。

里山保育 ひなたぼっこ
〒390-1072
長野県松本市梓川梓7208-1
tel 0263-92-7846（神澤真江）
（お問い合せは平日20時以降に）
http://satoyamahoiku-hinatabokko.jimdo.com
里山で、シュタイナー教育をベースに活動する共同保育施設。長野県独自の信州型自然保育（特化型）認定園。

［月刊クーヨン］2015年3月号に掲載された記事を再編集しています。

外あそびから室内あそびへつながることに意味があります

「拾った木の実をおままごとに使ったり、山で見た木を再現したり。外あそびでの体験を、室内あそびに生かすことが、脳への刺激になります。里山は、ものの面でも体験の面でも、あそびの材料にこと欠きません」（保育者・神澤真江さん）

1 外あそびでは原体験となるあそびが経験できます

「自然の中でのあそびは、ピンチの場面で、自分にスイッチを入れ、危機を乗り越えたり、成功を引き寄せる力を育てます。自然体験を通して、自分たちのまわりの環境や自然に興味をもち、大切な感覚が育ってくれるとよいですね」（外部専門講師、山岳ガイド・松場省吾さん）

松場省吾（まつば・しょうご）さん
長野県のNPO法人やまたみ（http://yamatami.com）にて山岳ガイドを務め、子ども向けの登山クラブを担当。ひなたぼっこでは、「外部専門講師」として野外あそびや自然を見る目を育てる手伝い中。

神澤真江（かんざわ・さなえ）さん
野外保育の現場で、環境教育とシュタイナー教育を実践後、保護者とともに「ひなたぼっこ」を立ち上げる。シュタイナー幼児教育協会会員。

2 室内あそびを通し、原体験を意味ある動きとして生活に生かすことで、脳（知性）が育ちます

「自然素材での手仕事は、野外体験を深め、調理は繊細な手の動きや食材の手触りが触覚を育てます」（保育者・朝倉茜さん）

朝倉茜（あさくら・あかね）さん
子ども病院で栄養士・調理師として働いてきた経験を活かし、ひなたぼっこでは「おやつづくり」などをおもに担当。子どもたちと全力であそぶのも、若手の朝倉さんの目下の役割。

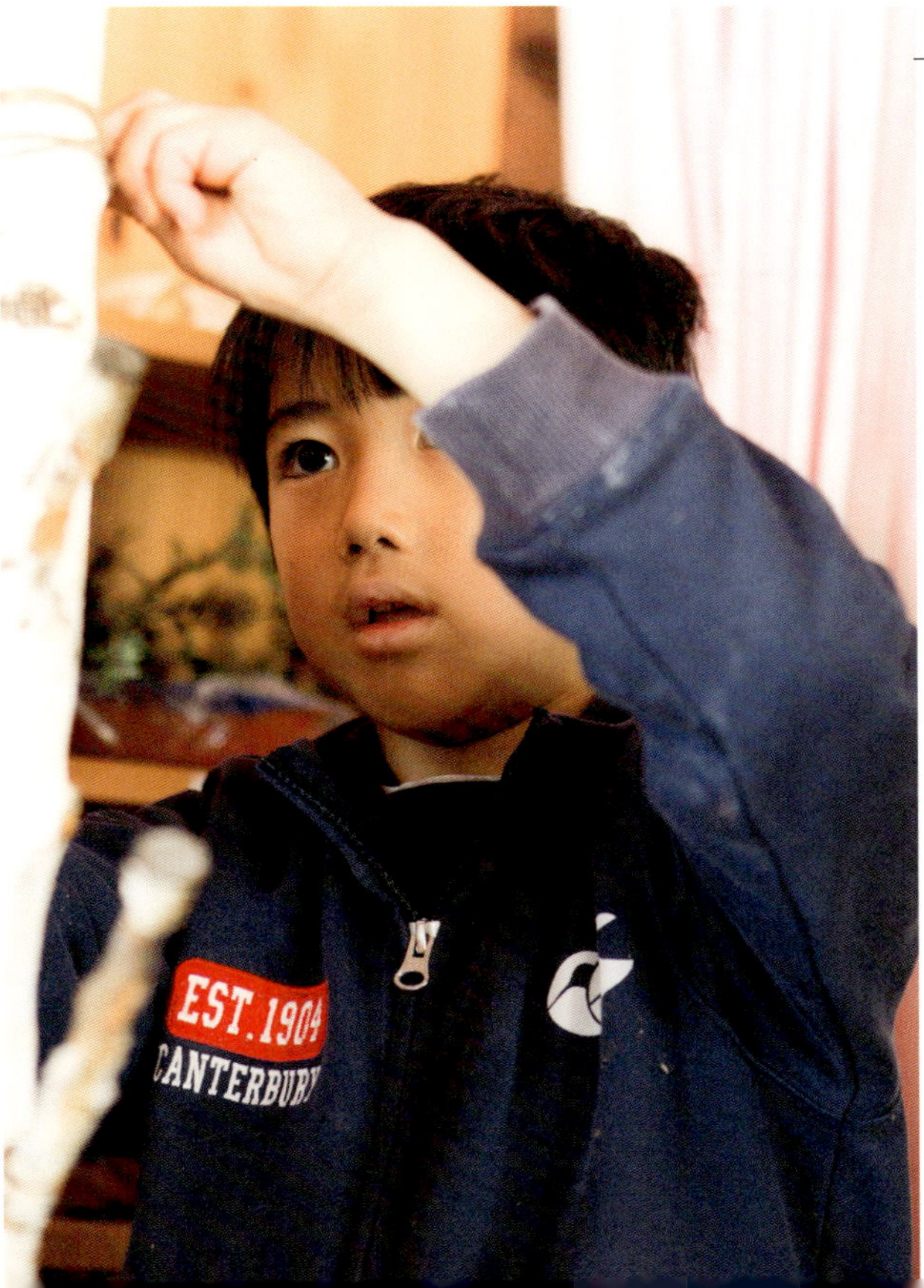

子ども時代に育てたい豊かな「感覚」体験

野外あそびとシュタイナー教育*を実践する「里山保育 ひなたぼっこ」。保育者はみんな、子どもの育ちを見守るなかで、シュタイナーが「感覚を通して脳が育つ」と言ったことがその通りだと実感しています。

「シュタイナー教育では、ひとには12の感覚があり、そのうち4つの感覚（P31参照）は、0～7歳の間に著しく発達すると言われます。4つの感覚は生きるうえで欠かせないものですが、現代社会では退化する傾向にあります。でも、環境を整えると、子どもの感覚は目覚ましく変わっていくことに、周囲の大人は意識的でありたいですね」（保育者・神澤真江さん）

4つの感覚を育てるのに必要なことは、特別なことではありません。

「感覚は、からだ全体を使うダイナミックなあそびと、手先を使う繊細なあそびの両方があれば、自然と育ちます。里山はたくさんの経験のチャンスをくれますが、都会でも充分可能です」（保育者・酒井栄美子さん）

あそびを通した生活経験は大事な「学びの場」

「現代の子は生活経験が不足していると感じます。子どもにとって、あそびは生活なので、家事や手仕事など、一緒にたのしみながらやるといいですね」（保育者・酒井栄美子さん）

きれいに重ねる、いつも同じ場所に同じものがあるなど、あそびの環境が秩序立っていることで、筋道を立てて考える力が育ちます

片づけ、おやつづくりや配膳などから、ていねいに生活しようとする力が育ちます

順番を守る、幼い子をいたわるなどのあそびのルールを通して、社会性が育ちます

酒井栄美子（さかい・えみこ）さん
神澤さんと同じ場で保育に携わり、ともに「ひなたぼっこ」立ち上げに参加。

*シュタイナー教育については、P68を参照ください。

0~7歳で、たっぷりあそんで育てたい「4つの感覚」

1 自分のからだを守るための「生命感覚」

暑ければ脱ぐ、おなかがすいたら食べる、危険を避けるといった「自分の生命を守る感覚」のこと。「静と動」「緩急」などのメリハリのある生活で育つ。この感覚が育つことで、想像力も育ち、他者の痛みが理解できるようになる。

3 動くことで自発性を生み出す「運動感覚」

自分の意志でからだを動かす「運動感覚」は、「あー」という発声が、唇を動かすと「あいうえお」という発音になるように、「言語感覚」とつながっている。シュタイナーの〈治療教育〉では、ことばが不明瞭な子どもが、からだを動かすことで、ことばを獲得していく。

「この園で、4つの感覚を育ててきた娘たちは、それぞれ個性豊かに育っています。何より、からだと意志がきちんと育っていて、育児の苦労をあまり感じずにこられた気がします」（保護者・清水百合子さん）

2 自分と他者の違いを知る「触覚」

やわらかいもの、固いものなど、それぞれの質に合わせて扱うことができるようになると、自分以外のもの、引いては他者を受け入れて、バランスよくつき合う力が育つ。多様なものに触れた経験があるほど、多様なひととの関わりも苦痛なくできるようになる。

4 からだとこころのバランスをとる「平衡感覚」

「平衡感覚」は、あかちゃんが均衡を保って立ち上がり、歩み出す頃から発達がはじまる。シュタイナー教育では、数字の関係性なども「平衡感覚」と結びついていると考えるため、数字（算数）の不得意な子には、「平衡感覚」を育てるあそびをすすめる。

清水百合子（しみず・ゆりこ）さん
「ひなたぼっこ」立ち上げに参加。娘ふたりをひなたぼっこで育ててきた。園の広報担当でも。

あそびは子どもを育てる最高の教材

「里山保育 ひなたぼっこ」では、保育者のみなさんだけでなく、保護者の方々も「あそびのなかで、すべての生きる力が育つ」と言います。

「卒園して小学生になった娘を、学校の先生は『自然や生きものへの感受性が高い』と言ってくださいました。腹（丹田《たんでん》）がしっかり育っているのも、卒園生共通です。あそびを通してからだもこころも育ち、興味をもったことをとことんあそびきった経験が、自己肯定感にもつながっている気がします」（清水百合子さん）

幼児期の「あそび」が、その後の人生にも前向きに取り組める姿勢を育むことを、ひなたぼっこの子どもたちの姿に学ばされます。

まちの保育園 こたけむかいはら（東京都練馬区）の場合

子どものあそびを豊かにする環境・時間づくり

真剣な目で畑を耕したり、輝く笑顔で園庭を走り抜けたり……。「まちの保育園」では、子どもたちそれぞれがあそびを創造し、あそびこむ姿があちこちに見られます。あそぶ環境、時間をつくるためのヒントがたくさんありました。

お話＊松本理寿輝さん（「まちの保育園」代表）　撮影＊宮津かなえ

オープンな空間を家具で間仕切る
子どもの興味、発達に応じて空間を更新でき、子ども同士の交流、先生の連携を取りやすくしている。
園庭
3〜5歳児のクラス
あそびが広がるおもちゃを
あそび方が限られるおもちゃは少ない。マテリアルと呼ばれるリサイクル素材もおもちゃに。

まちの保育園 こたけむかいはら
〒176-0004
東京都練馬区小竹町2-40-5
machihoiku@machihoiku.jp
http://machihoiku.jp
2011年に小竹向原に開園した都市型保育園（認可）。六本木（港区）と吉祥寺（武蔵野市）にも同園がある。

＊園舎の写真は、2015年当時のものです。現在の園舎のようすとは変わっている部分もあります。

あそびを豊かにする 環境づくりの工夫

子どもたちがのびのびとあそぶための環境は、園舎のつくりに秘密がありました。

異年齢でも一緒 保育室

子どものあそび場を保障するためには？

都市生活では子どもたちが関わり合ってあそびこめる場が限られる。そう思ったことが「まちの保育園」をつくった理由のひとつ、と代表の

アトリエスペース
2歳児のクラス
1歳児のクラス
創造活動に思う存分取り組めるアトリエ
絵を描きたい、何かをつくりたいと思ったらすぐに取り組めるように共同のアトリエがある。
作品をいたるところに展示
次のあそびのきっかけになるよう、自分たちの場という意識がもてるように、子どもたちの作品を展示。
3〜5歳児のクラス

松本理寿輝《りずき》さん。

「空き地のような場所がなかったり、公園に厳しい規制があったり、習いごとで時間がなかったり……昔よりも子どもに空間的、時間的ゆとりがないと感じています。ひと昔前まで、子どもたちは地域の空き地に集まってあそんでいました。そういう関わり合いのなかで、年上の子を見てあそびを発展させたり、年下の子の面倒を見ることでこころが育まれるなどしていました。そこで、子どものあそびを保障するために、地域の協力が必要だと思ったんです。

保育園という場は保育園の枠組みを越えて、まちづくりの拠点になれると考えています。子どもたちのあそび場を保障する賛同者を増やそうということも活動のなかで大切な視点です。そのために、地域のひとが出入りできるカフェを一緒につくったり、どう子どもが育つ場を豊かにするかを地域のひとと対話していきます。結果的に大人もたのしかったり、子どもの姿を見て元気づけられたり、みんなが豊かに暮らせるまちづくりになるのではないかと考えています」

「あそび場を保障する」という観点は、園舎のつくりや方針にも表れていました。

あそびを豊かにする 時間づくりの工夫

昼食と昼寝の時間以外は、すべて「探究の時間」として子どもたちの活動が保障されています。3～5歳のクラスの一日を通して、その工夫を見せてもらいました。

準備の必要な行事は極力やらない

運動会などの行事がないため、毎日自分のやりたいことをしてあそぶ時間が確保されている。

9:00 朝の会

やりたいことをそれぞれが決める

子どもたちがより主体的にあそべるように、やりたいことも子どもたちで決める。ほかにも、みんなにおしえたいことや、つくったものなどを発表する場に。

大人数よりも少人数グループ

グループごとの深い関わりのなかで、あそび方を豊かにする。少人数は、ひとりや大人数であそぶよりも学びの効果が期待できる。

午前 じっくりあそぶ「探究の時間」

7～8人のグループに分かれて、それぞれの興味を探究する時間。各グループに保育者がつき、活動を支えます。

きょうは3つのグループに分かれました！

1 畑グループ

土いじりをする子どもたちのグループ。きょうの予定は、花をプランターに植え替えること。

2 アトリエグループ

週に1度のアーティストがやって来る日。きょうは石けん水を使って、絵を描く予定。

3 室内あそびグループ

室内に残った子たちのグループ。何をしてあそぶかは、もう少し考えてみたいところ。

2歳以下のクラスもグループ活動！

「0歳児は、保育者同士が一人ひとりの育ちの姿を見て活動を考えます。1歳児は、まだ発言はむずかしくても、散歩がいい、絵を描きたい、という選ぶ意志はあるので、グループに分かれます。2歳後半くらいからは3〜5歳と同様のやり方で活動します」（代表・松本さん）

見て、きれいに抜けたよ！

土を耕し、ポットから花を出して植え替え。片づけをしたり、育成中の苗の間引きをするなど、みんなで協力！ 自分たちの生活環境も自らの手で充実させていく。

わたしも鬼ごっこしたーい！

子どもたちの流れに合わせる

午前中はグループ活動だけと決めてしまわず、常に子どもたちが集中できる環境を子どもとともにつくる。

そうじもたのしい！

色のついた石けん水をストローで吸い込んで紙に吹きかけるはずが、みんな泡をつくるのがたのしくなってしまい、予想外の展開に……。あくまで子どもたちの興味に合わせて、臨機応変に活動を進める。

ひとつのグループが外あそびをはじめると、みんな園庭へ！

室内あそびグループの子たちが外あそびをはじめると、片づけが終わったほかの子どもも園庭へ。鬼ごっこや木登りなど、思い思いにあそびはじめた。

考えた結果、園庭へ活動場所を移すことに……。

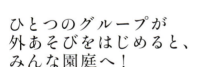

12:00
昼の会

昼食前にみんなで午前中を振り返る

昼食前にクラス全員が集まり、絵本を読んだり、発表する場を設けている。この日は、畑グループの子どもたちがみんなに感想を報告。

きょうは種まきのお話です

みんなで黄色の花を植えました

昼食と昼寝は毎日決まった時間に

「食べる」「寝る」は毎日決まった時間に。メリハリをつけ、子どものバイオリズムを崩さないようにしている。

12:00～14:00
昼食・昼寝

午後

再び「探究の時間」であそびを深める

午前中の続きをやる子もいれば、新しい活動をはじめる子も。

こうして、一日中あそびの時間がたっぷり！

本当に必要なことはあそびで育まれる

ひととの関わりやひとへの信頼はあそびのなかで育まれる、と代表・松本さん。

「まちの保育園では『子どもの力』を信じています。つまり、子どもは無力で大人がおしえなければいけない存在ではなく、自ら育つ力があると捉えています。子どもは『こうあそびたい』『もっとやりたい』とこころが動いたときに、もっとも学ぶもの。その瞬間をできるだけ多くつくるのが大人の役目だと思っています。一斉保育をせず、少人数のグループ活動（P34～35）を行うのもそのためです」

そのことば通り、グループ活動をする子どもたちの目は真剣そのもの。探究心にあふれていました。

「さらに、その活動は『ドキュメンテーション』というかたちで、子どもの学びや保育者の視点を入れ、写真と文章で記録しています。たとえば、粘土をこねるときにすごく器用に指先を使っていたとか、自分たちで考え役割分担をする、ごっこあそびの対話を記録することもあります。それをもとに、保育者同士が話し合

ほかにも、子どものあそびを深める工夫

保育者や保護者、地域のひとが関わり合いながら、子どものあそびを豊かにするための工夫がありました。

子どもの発想をふくらます工夫

ブランコみたいにゆらせそうだね

園庭にはシンプルな遊具だけ

園庭にはすべり台やブランコの代わりに、あそび方を限定しない、でこぼこしたちいさな山や、ロープが張られた木がある。

でこぼこの山の上も走れるよ!

子どもの学びを可視化する工夫

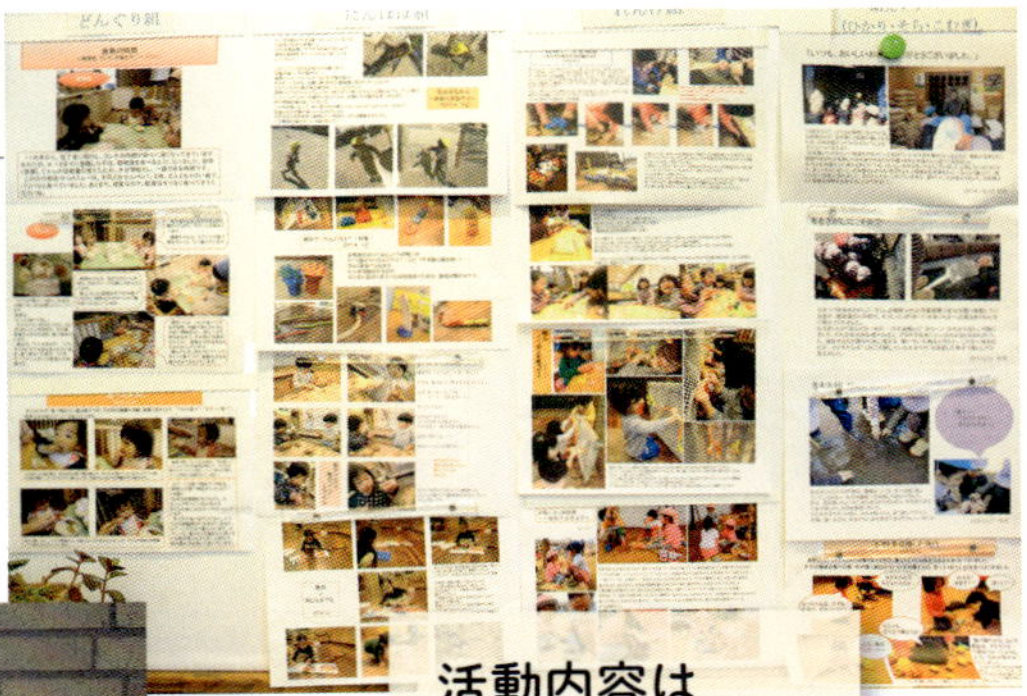

活動内容は玄関先の掲示板でチェック!

活動の記録を玄関に掲示。子どもの学びの姿を保護者だけでなく、子ども自身も確認することができる。

廊下や保育室にみんなのプロフィール写真

子どもと職員のプロフィール写真を飾り、子どもも大人もお互いに知り合える関係に。

誰でも利用可能なカフェを入口に

地域のひとと保育園をつなぐ中間領域になるようにとつくられたカフェ。ガラス越しに保育園の中を見ることもできる。

い、次はどんな活動につなげたらいいかを考えるのです。

ここで大切なのは、○○ができるようになったという『結果主義』ではなく、どんなことを探究してどのように育ち学んでいるという『プロセス主義』の立場にあること。与えられたことを的確にスピーディーにこなすことも必要かもしれませんが、自らの価値を見出す力、思考して生きる力、人生を切り拓いていく力を育むことが、これからを生きる子どもたちの成長にとって大切なのではないでしょうか。

0～6歳までは人格形成期だと言われています。その時期にしか育たないものに大人はこころを注ぎ、大人も子どもとともに育っていくものだと思っています」

まつもと・りずき　学生時代に、子どもを一市民と捉えコミュニティで子どもを育てるレッジョ・エミリア教育に感銘を受ける。卒業後も一般企業に務める傍ら、幼児教育の実践研究をする。2010年に独立、「ナチュラルスマイルジャパン株式会社」を創業したのち、「まちの保育園」をスタートさせる。

園を「保育内容」から選ぶ！
園選びの前に考える幼児期に育みたいこと

幼児期に必要なことは、園以外でも、もちろん育めます。だからこそ、園という場に求めるべきことは、日常生活でも大事に考えるべきことのはず。幼児期に育みたいことを、あらためて中瀬幼稚園園長・井口佳子さんに聞きました。

お話＊井口佳子さん（中瀬幼稚園園長）
撮影＊宮津かなえ

子どもの意志を尊重した時間づくり

現在は、放課後の英語塾や体操教室、ピアノ教室などを重視して幼稚園を選ぶ傾向があります。また、運動会や遠足、季節ごとのイベントが多いほうがよい園だと考える保護者の方もいます。でも、幼児期に習い事や行事で目まぐるしく動かすことで、子どもの自発性を削いでしまう可能性があることを知ってください。自分の意志でないことを続けさせられた結果、何に対しても受け身で無関心になってしまう場合も。幼児期は、子どもの意志を尊重する時間を大切にしたいですね。

庭の植物などからさまざまな発見を

子どもは「庭」で育つと言っても過言ではありません。土を掘ったり花に水をやったり、自分の力に合わせてあそべる庭があるといいですね。

花の手入れなど、子どもも関われる仕事を通して、花を摘むなどの手先の動きを学び、さまざまな発見があるものです。

脳も刺激し、健康にもよいのが庭仕事です。プランターでもよいので、ぜひ花を育てるなど、幼児期には体験させてあげたいもの。発見の多い環境があると、親子でたのしい時間が過ごせます。

［月刊クーヨン］2015年7月号に掲載された記事を再編集しています。

子どもの思いは絵に表れるもの

園選びのために見学にまわるなら、壁に貼られる子どもの絵に注目してみてください。みんながいっせいに同じような絵を描かされているとしたら、こんなにもったいないことはありません。幼児の絵には、不思議なくらい発達のようすと、その子のこころが表れます。また、大人には見えない「風」「匂い」「音」が描き込まれる場面にも出会います。そのことに気づくと、子どもが大人のものさしの及ばない世界に生きているとわかります。子どもの絵を介して、子どもとの対話が生まれます。絵を大事にしてほしいですね。

いぐち・よしこ（中瀬幼稚園園長）
＊プロフィールはP11参照

子どもの「手の仕事」を育てる

あるとき、多くの子どもが、水道の蛇口をひねる手がおぼつかないことに気づきました。「ひねる」という動作が日常に減っているためのようです。「ひねる」の前段階の「つまむ」「ちぎる」もあまり生活のなかにありません。でもそのすべてが、花の手入れに必要だと気づき、やはり子どもの「手の仕事」を意識的にさせたいと思いました。

同時に、「手の仕事」に「こころ」が伴うようにおしえるのが、大人の役目です。「虫はそっと持たないと死んでしまうよ」といったことを、伝えられる大人が、子どもの傍らにいてほしいですね。

具体的な目標で「できる」を実感

園のキャッチフレーズが「明るく」「仲よく」など、抽象的なものの場合、ちょっと疑ってみてもいいかもしれません。子どもが仲間と「仲よく」するためには、ケンカも必要です。でも、ケンカをすぐ止めて、「仲よく」を強制するならば、それは子どもの理解できない「ウソの仲よし」になってしまいます。幼児には「仲よくしなさい」といった抽象的なことばは通用しません。

幼児に何か伝える場合は、できるだけ具体的に伝える必要があります。

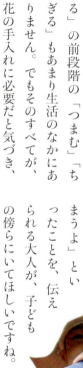

園を「優先順位」から選ぶ！

わがやの園選び譲れない条件は？

実際に園を見学し、親子にとっての優先順位を整理することが、園選びの第一歩。では、どうやって順位を考えれば？その方法を、心理学者の大日向雅美さんにお聞きしました。下段の先輩ママたちの声もぜひ、参考にしてみてください。

お話＊大日向雅美さん（心理学者）
イラストレーション＊北村人

親子がたのしく通園できる？

まず、最初のポイントは通園までを含めて園選びをすることです。子どもと一緒に毎日通うのですから、親子でたのしく行き来できるかどうかに気をつけましょう。「ここなら、毎日通うのにたのし

「読者アンケート」より

園選び わがやの場合

砂あそびが好きな息子に広い園庭のある園を

3年保育で入園しました。居住している周辺には、広い公園がないので幼稚園ぐらいは広々した園庭があるところを望んでいました。また、息子は砂場あそびが好きなので砂場も広いところをと。通園可能な範囲で幼稚園を多数見学しました。候補の園には、見学ができる機会があれば数回足を運びました。そのなかで2駅離れた郊外に、希望する園が見つかりました。園も自慢の広い砂場で、夏には園児が裸足で水を流してあそんでいる姿や、秋には園庭のどんぐり林の下でどんぐり拾いをしていたり、たのしそうでした。

バスコースから外れていることから当初は通園をあきらめていましたが、願書提出期限近くにダメもとで再度、園にお願いしたら、徒歩20分ほどの場所まで、園バスに来ていただけることになりました。

（千葉県　えりつぃん）

シュタイナーの家庭的なふたつの幼稚園に

最初に選んだのはちいさな自主保育の幼稚園でした。シュタイナー教育を取り入れた外あそび中心の園で、園児7名と規模もちいさく不安もありました。しかし、担任

いな、子どもにも親の生活にも無理がないな」ということが大切です。

園の方針は子どもに合っている？

園の方針に親ごさんが納得できることは大事です。でも、その方針がお子さんに合うかどうかはもっと重要です。万人に向いているところはありません。「いい保育方針だけれど、うちの子にとってどうだろう？」と考えてみましょう。

先生方が話しやすい？

園の方針は園長先生をトップに主任の先生や、担任の先生の動きに表れます。実際に園を見学してみて、雰囲気や空気感を実感することも大切です。また、園の先生とお話をしてみると、「ああ、この先生なら信頼をもって相談できる」とか、「ご立派だけど、ちょっと話しづらいな」などがわかります。

子どものようすを見て判断してあげて

その園が気に入ったのかイヤなのかを、子どもはことばではなかなか言うことができません。園の見学に一緒に行ったときに「ここに毎日通うのはどう？」と聞いてみてあげてください。はじめての場

の先生の目がよく行き届き、ほかの母親も子どもたちを親身に扱ってくださり、子どもを中心としたちいさな家族のような雰囲気でとても心地よい空間でした。

閉園が決まり、同じ教育理念の少し規模の大きい幼稚園に転園しましたが、輪が大きくなっても先生方、母親のあたたかい目線は変わらず、少し規模の大きくなった家族のような雰囲気は変わりませんでした。バスのないお迎え必須の幼稚園ですが、そのぶん、毎日顔を合わせ、帰り際にあそべます。また縦割りのため、年少から年長までがきょうだいのように過ごすこともできて、子どもにとっても理想的な環境であると感じています。

（東京都　松本愛）

「いま、ここ」を大切にすることを学びました

子どもはすでに小学生になっていますが、結果として選んだ無認可保育園はよかったと思っています。わたしがフリーの仕事のため、認可保育園は順番がまわってくるはずもない状況で、最初はネガティブチョイスでした。しかし、少人数、何より子どもの成長を主役にしてくれる、きょう明日の結果を出さなくてもよい、という方針に救われました。

保育士さんと意見のぶつかり合いも数知れず、そうしたなかからわたし自身が少しずつ子どもの「いま、ここ」を大切にすることを学んでいけたと思っています。ちいさいうちは一日が長く、何かできないこと、まわりの子に乱暴して苦情を言われるとか、ちょっとしたことが永遠に続くように思われ、落ち込むものです。でも「きょうはきょう、どの子も成長している」のだから。

所だと「わからない」「イヤ！」と言うこともあります。そういうときは、何回か連れて行ってあげて、子どものようすを見てあげてください。

見学すれば いろいろわかる

園を見学すると、子どもたちがいきいきと活発に動いているのか、ただお行儀よくしているだけなのかが、結構よくわかります。ポリシーはすばらしいけれど、規律がすごく厳しい場合もあるかもしれません。また、園が親に何を期待しているのかも、見学会の雰囲気からある程度わかると思います。

優先順位1位は 妥協しないで！

園選びの優先順位はひとによって違います。何かの条件を妥協する必要が出てきたとき、折り合いをつけるのは、優先順位4～5番目くらいの条件に。いちばん優先したいと考えていることは妥協しないほうがいいでしょう。

ただ、最初から優先順位は決められないものです。いくつかの園を見学してみたり、先輩ママやパパの体験談を聞くうちに、自分にとって大切な条件がわかってくるはずです。

そんなあたりまえのことをおそわったと思います。あと、イベントの「練習」がないのもよかったです。子どもたちは練習より、いまあそびたいものですから。

（茨城県　はづき）

最初は失敗したかなと 思ったけれど……

のびのびした自由保育が売りの幼稚園ですが、だからと言ってそれだけではなくて、日頃の生活態度がきちんとできていることが前提でした。

園に入れてから、家庭でのしつけを相当重視しているのを知り、できないことばかりのうちは「失敗したかなぁ」と思いました。でも、お陰で親子して気持ちが切り替わり、いまでは何でも自分から進んでする子になりました。

（埼玉県　ななみ）

毎日の送り迎えで 園のようすがわかった

・通園バスがなく、送り迎えが大変かなと思っていたが、そのぶん毎日園に行くので、先生やほかの子のことなど園のようすがわかってよかった。

・保護者参加の行事が多いと聞いていたので面倒そうだと不安だったが、自分も園生活を一緒にたのしめるし、ママ友もできた。

（石川県　クレヨンクレヨ）

親が行かせたい園が 子どもに合って いないことも

神奈川県の幼稚園に勤めていましたが、親が行かせたいところを選んでいるので、子どもに合った園ではないことも多く、子

保育の意味は「集団生活ができる場」です

子どもがはじめて社会に出ていくのが園なのです。そこは同年齢や異年齢の子どもたちや、先生という親以外の大人と触れ合える場所です。友だちとけんかをしたり、おもちゃを貸してあげたり、おゆうぎができたり、徐々に小学校へ行く練習をしたり。また、保育のプロが世話をしてくれることで、「ああ、こういうひとがいるんだ」と子どもが親以外に自分を守ってくれ、いろいろなことをおしえてくれる大人に出会うことに大きな意味があるのです。

「保育とは、子どもにとって集団生活ができる場」ということがすべて。だから、お勉強や早期教育的なことをしてくれるなどは枝葉のことで、必須条件ではありません。

ただ、園にいろいろ求める気持ちもわかります。園の先生方は保育の専門家ですので、頼りになりますね。でも一方で、「この子のことは、親や家庭もしっかり見守る」という気持ちも忘れないでくださいね。

どもへの負担が大きいこともよくありました。

いろいろな教育をしていることを売りにしているかとは思いますが、そこでがんばれる子どもはいいのですが、がんばりきれない子は、ちいさいうちから、劣等感を感じていたり、まわりの子が下に見ていたりと、指導力のない先生では、そのあたりのフォローもできていないように感じました。

（静岡県　はらぺこちゃーちゃん）

心配性の息子に自信をもってすすめられる園

自由保育中心、動物がいて、先生自身がたのしそうに子どもと接している幼稚園を選びました。

入園前「幼稚園イヤ!!」と言う心配性&ひと見知りな息子に、「この幼稚園は絶対たのしいよ！」と自信をもって言うことができました。まだ3日間しか登園していませんが、亀にえさをあげたりして明日の登園をたのしみにしているようす。この幼稚園にしてよかったなぁと思っています。

（神奈川県　会田夏帆）

おおひなた・まさみ　40年近く母親の育児ストレスや育児不安の研究に取り組む。恵泉女学園大学学長、「NPO法人あい・ぽーとステーション」代表理事として、子育てひろばの運営と地域の子育て・家族支援者養成にも注力。
www5a.biglobe.ne.jp/~mohinata

子どもの居場所 早わかり

保育園・幼稚園、じつはいろんなかたちがあるんです。

家族のあり方が多様化するなか、公・民それぞれで、「子どもの居場所」づくりが進んでいます。どんな種類があるか、大まかに見てみましょう！

まとめ＊編集部
監修＊大豆生田啓友さん（玉川大学大学院・教育学研究科・教授）
イラストレーション＊北村人

3～5歳

保育所（保育園は通称）→「2号認定」が必要

＊内容は同左。

認定こども園→「1号認定」「2号認定」が必要

＊内容は同左。

幼稚園→「1号認定」が必要

文部科学省の管轄。満3歳から小学校入学前の幼児の保育を行う学校であり、4時間の標準時間のほか、「預かり保育」を行っている園も多い。

保育所・保育室など（自治体によって名称が異なる）

＊内容は同左。

保育施設（施設によって名称が異なる）

＊内容は同左。

共同保育

＊内容は同左。

幼児教室

＊内容は同左。

自主保育

＊内容は同左。

地域子ども・子育て支援事業

＊内容は同左。

認定条件

①号認定 保育の必要性が認定されない3歳以上児

幼稚園、こども園などに直接利用申し込み。園が内定を出すと、園が利用のための認定を申請。その後、園を通じて市町村から認定証交布となる。

②号認定 保育の必要性が認定される3歳以上児

市町村に「保育の必要性」の認定を申請。保育所などの利用希望の申し込みも同時にできる。その後、市町村が人数の調整をする。

③号認定 保育の必要性が認定される3歳未満児

市町村に「保育の必要性」の認定を申請。保育所などの利用希望の申し込みも同時にできる。その後、市町村が人数の調整をする。

参考：内閣府「子ども・子育て支援新制度」（http://www8.cao.go.jp/shoushi/shinseido/index.html）ほか

0〜2歳

認可
(国・自治体による助成あり)

0〜2歳児対象にはほかに「事業所内保育事業」(厚生労働省の管轄。認可された院内保育所や企業内保育所。従業員以外も利用できる)、「居宅訪問型保育」(厚生労働省の管轄。保育を必要とする乳幼児がいる居宅を、家庭的保育者が訪れる)がある。

保育所(保育園は通称)→「3号認定」が必要

厚生労働省の管轄。児童福祉施設であり、保育を必要とする子どものための保育を行う場所。園庭や室内の面積などが子どもの年齢、人数によって定められ、給食も必須。8時間の原則保育時間の前後に延長保育がある。

認定こども園(名称の「認定」とは行政の「認可」が下りていること)→「3号認定」が必要

厚生労働省・文部科学省の両方の管轄。保育所と幼稚園の両方の機能を併せもつ園。幼保連携型(幼稚園・保育所の両方の基準を満たす)、幼稚園型(幼稚園の基準を満たす)、保育所型(保育所の基準を満たす)、地方裁量型(市町村の基準を満たす)の4種。それぞれ施設設備などの義務づけが異なる。

小規模保育→「3号認定」が必要

厚生労働省の管轄。定員が6〜19人の小規模保育所。A型(全員が保育士の有資格者)、B型(半分が保育士の有資格者)、C型(保育士資格のない家庭的保育者のみ)の3種。

家庭的保育→「3号認定」が必要

厚生労働省の管轄。定員が5人以下の、いわゆる「保育ママ」と呼ばれる少人数保育。

認証
(自治体による助成あり)

保育所・保育室など(自治体によって名称が異なる)

自治体の定める基準を満たした保育施設。助成の仕組みや額は自治体で異なる。

認可外
(基本的に国・自治体による助成なし)

自治体によっては、認可保育所との負担差額あるいは活動人数に応じて助成が出る場合がある。

保育施設(施設によって名称が異なる)

助成がない(少ない)代わりに、認可・認証施設より自由度が高い保育施設。認可外を対象とした国の定める基準を守る必要があり、自治体による立ち入り調査が行われる。

共同保育(「無認可*」の場合もある)

親と保育者が共同で運営する保育。日中の保育活動は保育者があたる。

幼児教室(「無認可*」の場合もある)

園舎が集会所や空きスペースを利用した、保育者による保育。塾に類するものとは異なる。

その他

自主保育

多くが「無認可*」。親たちが交代で子どもの面倒を見合うかたちで、日中、野外や公民館などを利用する保育。少人数、地域ごとに営まれることが多い。

地域子ども・子育て支援事業

国による推進事業。「地域子育て支援拠点」をはじめ、公共施設や保育所など、さまざまな場所に、行政やNPO法人などが設けた子育て支援のための交流や相談の場。事業ごとに助成が異なる。

*無認可……国・自治体への登録を行っていない施設・団体。認可などに相当する水準でも、「基準に縛られず自由な活動をしたい」とあえてこの位置づけを選ぶ場合もあり、質はさまざま。

園選びの前には、情報収集。すでに通っている家族のお話は貴重です！　ここからは、「月刊クーヨン」読者が通う園をご紹介。園探しの苦労から、通った実感まで、じっくり参考にしてください！

読者の園選び　どうしてその園に決めましたか？―その1

森のようちえんピッコロ（山梨県北杜市）

森と仲間のおかげでこころを開けました！

八ヶ岳の麓の森の中では、きょうも元気な声が響き渡っています。泣いている友だちを見つけたら、駆け寄っていく。ケンカになったら、みんなで話し合う。安倍智子さんが選んだ園には子どもを中心にした時間が流れていました。

撮影＊砺波周平　取材・文＊澤田佳子

森のようちえんピッコロ
山梨県北杜市
morinopiccoro@live.jp
http://mori-piccolo.jp
一日中野外で過ごす、自主保育の〈森のようちえん〉（無認可）。天候によってビニールハウスで活動も。

森であそんだ後は借りている家の庭で外あそび。
雨の日や寒い季節は、ビニールハウスの中で活動します。

子どもたちは急な坂道もなんのその。
3年間通った子どもたちには、みごとな筋肉がついています。

智子さんは、福島出身。結婚してこの地に来ました。「ピッコロがあって本当によかった！　それだけでも、こちらに来た意味があった！」と言います。稔さんは役所にお勤め。園の休日イベントに参加しています。

お弁当の時間！　ふしぎと笑顔になっちゃう。

ほかの子と違うこの子が行ける園をと探して……

安部葵琉《きりゅう》さん（4歳）が森のようちえんピッコロに通いはじめたのは、2009年の夏。それまで安部智子さんは、葵流さんをどうやって育てていこうか途方に暮れていたと言います。

「1歳のとき数ヶ月、ほかの保育園に通ったのですが、それ以来なぜか他人に警戒心をもつようになってしまって。心配で心理相談に行ったりもしました」

そんなとき、地元のTV局がピッコロを取り上げているのを目にしました。

「ホームページをチェックしてみたら、遠足みたいでたのしそう。自然の中なら、葵琉も自分を表現できるのではないかと、ひとに慣れるステップにしようと思って連れて行ったんです」

まずは週1回から、徐々に通う回数を増やしていきました。でも、仲間とのコミュニケーションは、なかなかスムーズにはいきませんでした。

「朝ピッコロに着くと、子どもたちが『わー、葵琉だー！』と蜘蛛の子を散らすようにいなくなるんです。

［月刊クーヨン］2010年7月号に掲載された記事を再編集しています。

友だちを押したりケンカしたりしていたようで。でも代表の中島先生は『叩くには葵琉くんなりの理由があるはず』と真剣に考えてくださり、そのことばに救われました。いままでこんな子がいなかったから、おもしろいって言ってくれて。わたしひとりでがんばらなくていいんだって思いました」と、智子さん。

　そんな葵琉さんも、いまではすっかり「正義の味方」。友だちを助けたりするようになりました。そのきっかけは……。

「ある日森からの帰り道、葵琉がお地蔵さんを倒してしまったらしいんです。それをきっかけに、子どもたちが葵琉を囲んで『葵琉くんに押されたことがある』『わたしも』『ぼくも』と声をあげたんですって。そしたら葵琉が、近くの花を摘んで、女の子にプレゼントしたらしいんです。それで女の子たちが、『葵琉くんすてき！　あれもとって』なんて言ってくれたらしく。その日から、変わっていった気がします」

　葵琉さんが家族以外のひとに信頼を寄せ、こころを開いたことに、智子さんも稔さんも驚きました。

「それまでは何を言っても通り抜けていく感じだったんですが、その頃からたしなめると泣くようになって。話を受け止めてるようなんです」

「うちの子だけが変わっていると思っていたけど、ここに来て、だれひとり同じじゃないことがわかりました。先生が子どものすべてを個性ととらえ、いいところを伸ばしてくれているのを感じます」と、稔さんも言います。

　いまはふたりとも、「このままずっとピッコロで」と思っていると話してくれました。

森の中でも庭でも、自分からあそびや仕事を見つけてどんどん取り組んでいきます。

庭には畑もあり、収穫した野菜でお味噌汁をつくったり、焚き火でパンを焼くことも。

森の中にあるアスレチックは、どれも代表・中島さんたちがつくったもの。

「電車になって帰るよ～」の声で、一列に並ぶ子どもたち。

四方を木で囲んだここは、子どもたちに「お風呂」と呼ばれています。先生たちのお話を聞いてから、一緒に森に出かけます。おかあさんたちも一緒に出かけて、みんなで子どもを見ていきます。

先生、ここはどんな園ですか？

子どもが自ら考えるため 大人が手を貸さない園

「ケンカがはじまっても、時間になったら終わらせないといけない。そのとき、子どもたちが抱えたエネルギーはどこにいっちゃうんだろう」

保育園に勤めていた頃、そんな思いを抱いていた中島久美子さんは、「森のようちえん」との出会いに感銘を受け、自らも「森のようちえんピッコロ」を立ち上げました。

「ここでは、子どもたちが何かを『やって』と言ってきても、『あれ、できないなあ』なんて言ったりして、手を貸さないんです。子どもは大人って頼りにならないなあと思っているでしょうね（笑）」

中島さんたち大人がそんなふうにするのは、子どもが自分で取り組み、解決する方法を見つけ、生きる力をつけてほしいから。

「本当は悪い子なんていなくて、そう言われる子は、『大人の都合』に合わないだけ。ケンカだって、自分たちで解決できるんです」

4人の保育スタッフ（3人は資格取得済み、ひとりは取得予定）のうち、ふたりは「ピッコロで働きたい」と、保育士になる勉強をしたおかあさん。子育てしながら試験を受け、資格を取得しました。それ以外の保護者も、毎日交代で「園長」になり、保育以外の運営に入ります。自分の子どものケンカを含めて、「保育のようすを見守ることが学びになる」と中島さん。ここには、親が子どもと一緒に育つ土台があるようです。

代表の中島久美子さん

森のようちえんピッコロの一日

9:30～9:45	子どもたちが車で送ってもらって登園
9:45～10:15	朝の会
10:30～11:45	森の散策
11:45～13:00	園庭でお弁当、自由時間
13:00～14:00	お話会や季節ごとのプログラム（取材時は母の日のプレゼントづくり）、自由あそびなど
14:00	絵本読み聞かせ、帰りの会

＊その日の子どもたちのようすで時間は多少前後します

読者の園選び
どうしてその園に決めましたか？——その2

東《とう》江《こう》幼稚園（東京都葛飾区）

子どもと一緒に親も勉強しています

子どもが通う場所は、親が通う場所でもある。あたりまえですが、そのことをより意識して選ぶと、見えてくるものがあるようです。篠田夕加里さんが選んだのは、子どもはもちろん、「大人も育つ」幼稚園でした。

撮影＊泉山美代子

東江幼稚園
東京都葛飾区東金町2-25-12
tel 03-3607-0548
toko@toko-youchien.jp
http://toko-youchien.jp
仏教保育を礎に、シュタイナー教育からも学んでいる私立幼稚園（認可）。「縦割り保育」も特徴。

やわらかな印象のきのこ屋根の園舎は1995年に完成。園庭には、子どもたちがはだしであそべるよう、良質の土が敷かれています。

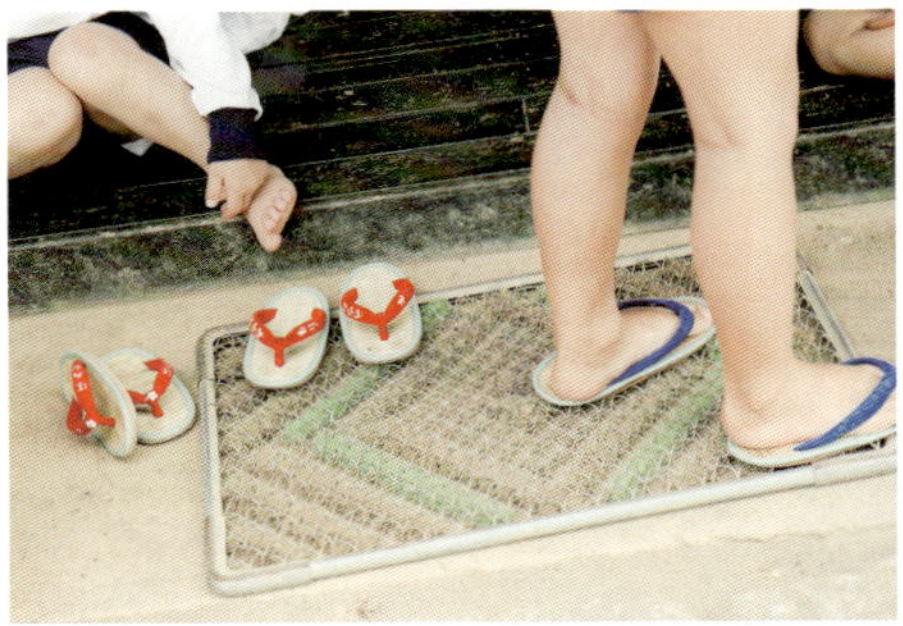

ミサトっ子ぞうりは、25年以上前から保育に取り入れています。足の感覚が育ち、からだが育つとともに、すぐはだしになれて、土とふれあえるよさが。

やりたいあそびを選んで、達成感を味わえる工夫が園庭の随所に。

年上の子は慕われることで自信をもつなど、縦割り保育の効果は大。

晴一さんは、1歳児の親子教室と2歳児の幼児教室から東江幼稚園に通っています。「最初は泣いていて、わたしにベッタリだったんですが、だんだんと自分で克服していきましたね」と篠田さん。

ひとりっこなので、縦割り保育がいいなと

篠田夕加里さんは、晴一さん（4歳）に通ってほしい園について、あらかじめしっかりとしたイメージをもっていました。

「できれば自然素材の園舎で、自然なおもちゃであそべるところ。それから、うちはいまのところひとりっこなので、異年齢の子と、きょうだいのように過ごせる縦割り保育が希望でした」

そうこころを決めてから、東江幼稚園に出会うまでにはこんな体験も。

「児童館などに通ってみたとき、わたし自身がどうも雰囲気になじめなかったんですね。おかあさん同士の輪もすでにできあがっていたし、派手なおもちゃばかりで、ダンスなどにもついていけず……。そんなとき、この幼稚園に1歳児の親子教室があることを、雑誌で知ったんです。参加してみたら、子どもたちが木のおもちゃで静かにあそんでいて……。園バスもないし、毎日お弁当だけど、『絶対ここがいい！』と、惚れた感じでした（笑）」

そして、となりの市にある自宅から、自転車で20分かけて通うことに。

曲線も多用された五角形の保育室。基本は縦割りクラスですが、学年ごとの活動も。この日は年長さんが蜜ろうクレヨンを使ってお絵描き。

「基本的には徒歩通園なので、自転車は途中まで。一緒に手をつないで歩く時間がもてるので、いまは、バスがなくてよかったと思っています」

親たちの活動がさかんなことも、東江幼稚園の特徴のひとつ。20くらいのサークルがあり、いくつか掛け持って活動しているひともいます。篠田さんも、子どもたちに読み聞かせやパネルシアター上演などをするサークルのリーダーとして、忙しい毎日です。

「親同士のつながりが密なぶん、大変さもありますが、活動のなかで、ほかの子や家族のこともわかるのがいいなと思います。子どもひとりの保育料で、わたしも一緒に通って勉強している感じですね。去年はほとんど子どもと一緒に来て一緒に帰る生活でしたが、今年はもう少し早く家に帰ろうと（笑）」

おかあさん方だけでなく、おとうさんたちの会「おやじ組」も、さまざまなイベントで活躍します。

「わたしがここに決めたのは、親のエゴだったかもしれません。でも、親が〈ここがいちばん！〉と思うことも大事ですよね。親が迷うと子どももも不安になってしまう。完璧なところはないから、ある程度の信念を家族で固めて選んだら、もう迷わないのがポイントだと思います！」と篠田さん。いきいきと活動する篠田さんと一緒に、晴一さんも、のびのび育っています。

ツリーハウスは、登れるようになることが子どもたちの憧れ。

木登りじょうずが多いこと！さくらんぼの実を採っています。

井戸はどろんこづくりに大活躍！よいしょ……出た、出た！

ぞうりであそぶ子どもたちの足腰はしっかりしていて、からだの使い方がしなやかに感じます。

園庭には、理事長・浅井さん直筆の短冊があちこちに。さりげないひとことに、はっとします。

園長先生、ここはどんな園ですか？

子どもも大人も、生きる基本がしっかり育つ

1949年から、仏教保育を礎に営まれている東江幼稚園。97年からはシュタイナー教育からも学んでいます。20代～70代までの職員が、子どもが自ら育っていく力をしっかり支えています。

「幼児期は知的なお勉強よりも、まずしっかりからだを育てることが大事だと考えています。といっても、毎日体育のようなことをするのではなく、木登りや鬼ごっこなど、あそびのなかでからだが自然と育っていくように、環境を用意しています」と話す、園長・浅井正信さん。

簡単には登れないツリーハウスや竹の登り棒など、あえてバリアフリーではなくて「バリアあり」なのが東江幼稚園流。

「人間がしっかり育つスタート地点は幼児期。だから、幼稚園・保育園選びは、子どもにどう育ってほしいかを夫婦で考える機会なんです」と言うのは、理事長・浅井孝順さん。

「安ければいい、便利ならいいと、流されがちな現在の風潮ですが、自分で考えて行動するということを、子どもだけでなく大人にも経験してもらっています。幼児教育と言いつつ、大人教育なんですね」

卒園した親は、小学校でも役員などを引き受けることが多いとか。地域も育てている幼稚園です。

写真右……園長の浅井正信さん
写真左……理事長の浅井孝順さん

東江幼稚園の一日（月～金）

9:00～9:20	園バスは使わず親子で歩き登園
9:30～11:00	設定活動（クラスごと、またクラス内の年齢ごとに集まって）
11:00～11:45	自発活動（それぞれ自分のやりたい活動、あそびをします）
11:45～12:45	お弁当
12:45～13:30	自発活動（園庭や室内であそびます）
13:30～14:00	帰りの会、降園

＊水曜日は13時に降園ですが、園庭は夕方まで解放

読者の園選び どうしてその園に決めましたか？ ―その3

久留里カトリック幼稚園（千葉県君津市）

園であそぶ子どもが自由で自然だったのが決め手！

モンテッソーリ教育を取り入れ、
自由で自然な環境を大切にしている、
久留里カトリック幼稚園。
80％の子どもたちが
ここは遠くからバスや電車でやってくるという、
人気の高い幼稚園です。
バスで40分のハードルを乗り越えても、
桒原《くわばら》麻衣子さんがこの園を選んだ理由は
「子どもたちのようすが自然だったこと」。
さて、どんな一日を過ごすのでしょう。

撮影＊宇井眞紀子　取材・文＊澤田佳子

学校法人 愛心学園
久留里カトリック幼稚園
〒292-0421
千葉県君津市久留里市場696
tel 0439-27-2055
www.kururi-catholic-kg.jp
モンテッソーリ教育を取り入れた、カトリック系の私立幼稚園（認可）。縦割り保育を実践。

給食当番は年長さんの特権。みんなの分をうまく配分して。

子どもたちが走りまわる園庭には大きな木も植えられています。女の子も男の子も木登りが大好き。

鴨川で有機農業を営みながら、地域づくりをする栗原さん。園にいる子どもたちの姿に惹かれたと言います。奏さんは、園に入ることで、ひとりあそび派から友だち大好きへ。

「無理がない」ところがよかった

栗原麻衣子さんと奏《かなで》さん（5歳）が暮らしているのは、千葉県の鴨川市。久留里カトリック幼稚園までは、園バスで片道40分くらいかかります。幼い子どもたちにとってはかなりの長旅。なのに栗原さんはなぜ、奏さんを通わせることにしたのでしょうか？

「入園前の子どもたちを対象にした週1回の『母と子のひよこグループ』に通ってみたんです。園ではやりたいことを存分にやらせてくれるし、自由な時間が多くて、クラスでの活動の時間も強制ではなくて、無理がないなと思いました。

発表会も劇あそびの延長をおかあさんが見に来たという感じで、やっぱり無理がありませんでした」

すべての活動は、子ども一人ひとりが主体となり、やりたいと思うことを行っています。モンテッソーリ*の「お仕事」でも外あそびでも、何をやってもOK。一斉活動がほとんどない幼稚園は、まだまだ、めずらしいかもしれません。

やりたい子で鯉のぼりづくり。カラフルな絵の具でウロコを染めて。

*モンテッソーリ教育については、P69を参照ください。「お仕事」とは、整えられた室内環境での活動。独自の教具での活動や、手先の作業などを発達と関心に合わせて、子どもたちが選択し、実践していきます。

部屋の中では、モンテッソーリの「お仕事」ができるよう、各クラスの棚には、教具がふんだんに準備されています。

理想を言えばきりがない だから、ベターな選択を

実際に通いはじめて、奏さんにはどんな変化があったのでしょう？

「以前はひと見知りで内向的なところがあって、子どもたちがあそんでいるのを遠くから見ていることもありましたが、ずいぶん社交的になってきました。大人にも自然に話すのでびっくりすることがあります」

とは言っても、理想を言えば、きりがありません。

「通園に時間もかかるし、給食もオーガニックだったら、と思ったこともあります。でも、じっくり話して納得したので、入園する時点で気持ちに区切りをつけました。園がとてもがんばっていることがわかるので、ベターな選択だったと思っています」

地元では、週末に里山で子どもたちをあそばせる、自主保育の運営に携わる桒原さん。いろいろな方法を試しながら、「ベターな子育て」を模索しているようです。

幼稚園としては、かなり広い園庭には、薮あり、小山あり、遊具ありと、一日子どもがあそんでも飽きることがない工夫があります。砂場でのどろんこあそびも、飽きるまで見守ります。

やり方に迷っているときは、大人が手順を踏んで見せてあげるだけ。あとはどんどん自分でやっていきます。

自分で選んだ「お仕事」に熱中しています。

「見学にみえたとき、おかあさんにしがみついていた子が、園庭に入った途端に走り出していったこともあるんです」と玉川さん。
園の自由な雰囲気が、子どもの不安なこころを開放したのでしょう。

園長先生、ここはどんな園ですか?

自分への信頼と やりたいことに出会える

久留里カトリック幼稚園には、チャイムも先生の掛け声もありません。園に着いた子どもたちは、4つの教室と園庭を自由に行き来しながらあそびます。

「子どもの成長には、自分がいま関心をもっているものを、自分で選ぶことが大切」と園長・玉川ひろ子さん。やり遂げることで自信をつけ、さらに他者を思いやるひとに育つ。それには、モンテッソーリ教育がぴったりくると言います。

「縦割りクラスを基本とするモンテッソーリ教育は、年長の子どもへのあこがれから、『自分もできるようになりたい！』という意欲が育ちます。いわゆる『お仕事』も、環境さえ用意しておけば、子どもたちが自然と手に取って集中するんですよ」

大切なのは子どもの気持ち。だから活動への参加も強制しません。

「その子をよく知り、したいことができるように大人は寄り添います。とりわけ、手がかからないと思われがちな、寡黙な子どもたちには、気を配りたいですね」

自由だけれど、どこか落ち着いた雰囲気。それは大人たちの「徹底して受け入れ、見守る」姿勢から生まれてくるようです。

園長の玉川ひろ子さん

久留里カトリック幼稚園の一日（月火木金）

9:00〜9:45	子どもたちは園バス、電車、徒歩などでめいめいに登園
登園〜11:30頃まで	子どもがやりたいことを選んでやる時間（モンテッソーリ教育の教具で「お仕事」をしたり、外あそびをしたり）
11:50頃〜12:30頃まで	給食
13:00頃〜14:00頃まで	帰りの集まり（歌、手あそび、絵本、紙芝居、ゲーム、リトミック、お誕生会など）
14:00〜	降園（その後預かり保育もあります）

読者の園選び　どうしてその園に決めましたか？―その4
子供の部屋保育室（東京都大田区）

子どもをほどよく放っておいてくれるのがいい！

都市部では、「保育室」という制度を取り入れている自治体があります。「保育園」より規模がちいさいけれど、独自の保育を展開するところも多く、子どもと大人が密接に関わっている印象です。大高加織さんが選んだ「子供の部屋保育室」も、そんな場所でした！

撮影＊泉山美代子

子供の部屋保育室
〒144-0051
東京都大田区西蒲田1-16-5
tel 03-3753-4359
www.kodomonoheya.net
穀菜食とからだ育てを大切にする保育室（大田区の定期利用保育室）。本園は子供の部屋保育園（大田区中央）。

お昼ごはんは、保育士のみなさんでつくります。玄米、無農薬の野菜を中心とした食べごたえのあるメニュー。いわしのフライは、頭からしっぽまで、ちゃんと食べます！

＊掲載の写真は、5歳児までの保育だった2010年当時のものです。現在は2歳時までの保育となります。

いろいろな年齢の子どもが一緒に育つ園がよかった

由翔《ゆうと》さんを出産し、復職する際、園選びにはとても悩んだ、と大高加織さん。

「保育園のことは、妊娠中から心配だったんです。家の近くの公園にあそびに行くと、近所のいろいろな保育園の子どもたちが、先生とあそびに来ていました。でも、公園に着くとまず体育座りをして先生の注意を聞き、あそびも、みんな同じことをする。それが、わたしにはちょっと受け入れにくかったんですね。見学は10園くらい行きました。でも、どこも年齢ごとにクラスが分けられ、0歳児に至っては、月齢ごとに分けられていたり。それが、果たして子どもの育ちにいい環境なのか、と疑問でした。

そんなとき、小児科医の真弓定夫先生の講演会に行く機会があって、真弓先生が関わっている自然な育児を行う園として、『子供の部屋保育園』の話が出たんです。わたしたちの住まいがある大田区にありながら、園探しのなかでは情報がひっかかってこなかったので、『そんな園があるんだ！』とうれしくなったんですが、ちょっと遠かった。がっかりしていると、隣の席のひとが『蒲田に分園の保育室がある』とおしえてくれて。その情報がなかったら、いまここには来ていなかったはずです」

園では薄着をこころがけ、日中ははだしで。

保育はサービスではなく、子どもが育つ手助けをしてくれるもの。こころから子どもを預けたい、と思える園に出会った大高さん。

「指定保育室は、公立の園のように助成金は潤沢ではありません。そのぶん、保育料が割高で、何人も通うと経済的には厳しい！　それでも、ここの保育が親や子どもへの『サービス』ではなく、一緒に子どもを育てていこう、という姿勢でいてくれる安心感は貴重だと思います。子どものケンカも、すぐには止めないで、双方が納得するまで話を聞くとか、なるべく『それやっちゃだめ』と言わないで子どものやりたいことを尊重するとか。親に対しても気になることはいろいろ指摘してくれます。保育士のみなさんは大変だと思いますが、子どもにとっては必要なことだな、と納得して預けています」

少人数で、保育室もちいさめだけれど、子どもはたくましく育ちます。

「ちいさい頃、大人に干渉されすぎずに育つと、将来自分のやりたいことがちゃんと見えるようになるんじゃないかと思います。そんな姿勢が、この園にはありますね」

大高加織さんと、由翔さん（5歳）、凛《り》美《み》さん（3歳）、直輝さん（1歳）。みんな、ここに通っています。

なんででしょう、子供の部屋保育室では、いつも子どもたちが笑っています！　あそびは自分でどんどん考え出し、大人に指示されることなく一日を過ごします。ただいま、ずきんをかぶって、山登りごっこ中！

先生、ここはどんな園ですか？

認可でないからこそ、子どもの自由を許せる園

学校を卒業して就職した本園（大田区中央）の、どろんこ、野あそび、穀菜食に力を入れる保育に魅せられ、10年間本園の園長のもとで保育実践を学んだ石川由利子さん。その後、ここ蒲田に異動となりました。

「認可園ではどうしても行政に決められたカリキュラムが必要になったり、安全第一・清潔第一が重視されて、規制が多くなってしまいがちですが、子どもは毎日変化があるもの。天気や気分で、その日にやることを考えられないと、たのしくないですよね。子どもはあそびを通して育ちますが、時間であそびを区切ると、あそびが中途半端になってしまう。

施設長の石川由利子さん

やっちゃいけないことが多いのも不自由ですよね。だからここでは、とにかく子どもがやりたいあそびをできるように、と思っています。放任と言うひともあるけど、子どもなりに集団のルールができていて、自然と秩序が育っています。保護者にも、どんどん意見を言ってもらうようにして、『お任せ』にならないようにしたいと思っています。苦情、不満歓迎！　そこから、お互いによい保育を育てていくきっかけが見えてくるから。正直、大変ですけど（笑）」

　頭より、まずからだをしっかり育てる。あそびを軸に、生きる力が、しっかり身につく園です。

子供の部屋保育室の一日

8:00～9:00	子どもたちがおかあさんやおとうさんと電車、徒歩などでめいめい登園
登園～11:30頃まで	晴れていれば、近くの河原まで1時間近く歩いたり、公園であそんだり、庭でどろんこあそび。室内でリズムあそびや、絵を描くこと、つみきあそびなども大切に
11:50頃～12:30頃まで	給食
13:00頃～14:30頃まで	お昼寝
15:00～19:00	午後のあそび、その後順次降園

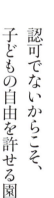

なつかしい匂いがする、木の床の園舎。紙芝居、おままごと、絵本……。子どもたちのたのしい時間がここから紡がれます。

読者の園選び どうしてその園に決めましたか？—その5

小金原保育の会
幼児教室「くるみえん」（千葉県松戸市）

親も子も、やっとほっとできる園が見つかりました

高度経済成長期に幼稚園が不足した折、親たちが力を合わせて生み出したのが「幼児教室」。幼稚園の類似施設とされますが、保育者と保護者が一緒に運営するこの園で、原貴子さんも、子どもと一緒に育っていこうとしていました。

撮影＊泉山美代子

小金原保育の会 幼児教室
「くるみえん」
〒270-0021
千葉県松戸市小金原3-18
tel & fax 047-345-0012
www5f.biglobe.ne.jp/~k-youji
「自分たちの手でより良い保育を」と願った親たちが集まってつくった幼児教室（無認可）。

園庭に生えるニラを摘み、
お昼のみそ汁の具にします。

一人ひとりを大切にするということばに惹かれて

仕事を辞めて臨んだはじめての育児。原貴子さんにとって、それは予想外のつらい日々でした。

「歌乃子には食物アレルギーがあって、夜中じゅうかゆみで眠れない日が続いたんですね。ひと見知りも強くて、育児サークルに行っても、わたしの陰に隠れて出てこない。そんなこんなで、だんだんわたしが出不精になって、親子で家にこもり、孤独ななかで育児をしていました。

これではお互いのためによくない、と思い、歌乃子を保育園に預けて仕事をはじめたんですが、最初の園では、子どものいい面しか伝えてくれなかったり、テレビを見せていたりで、なんとなく不信感を抱いていたんです。歌乃子も『先生がこわい』と言っていましたし。

そんなとき、小金原保育の会幼児教室のホームページを見つけたのですが、そこに書かれていた『一人ひとりを大切にする保育をします』ということばに惹かれて、見学に行ったんです。園舎の壁に描かれた象の絵がなんだかうれしくて、園のアットホームな雰囲気と『ずいぶんご苦労されてきたのね、一緒にがんばりましょう』という先生のことばに、ふっとラクになりました。それで、ここに決めたんです」

保育者の厳しいことばも「育自」のためと思える

原さんの園選びにはもうひとつ、アレルギーをもつ歌乃子さんのために、外せない条件がありました。

「まず、お弁当でないと安心できない、ということ。それから、新築の建物では、化学物質の影響が怖かったこと。だから、この古い園舎がかえってうちには好都合だったんです（笑）。

それに、少人数で3年間じっくり過ごせるというのもよかった。ここで毎日おかあさんや、保育者のみなさんと、適度な距離でおつきあいしていくうちに、信頼関係もできてきて、3年目になって、ようやくわたしもこころを開いて関われるようになった、と思います。

園の運営は、保育者と保護者で行っていて、親のためのサークルもあります。みんな率直に意見を言ったりするので、最初はカルチャーショックでしたけど、居心地はよかった。育児の悩みも話せて、本当によかったです。

それに、保育者がとことん子どもの味方、というのも、わたしにはよかった。わたしがつい子どもを叱ってしまっても、ここにくれば、子どもには味方がいる。親に対してはときに厳しいことも言われますが、そんなことを言ってくれるひとは、身内にもいなかったので、わたし自身の成長にもいいんだと思っています」

出産前は、学童保育の指導員をしていたという原さん。
園の広報を務めています。

原さんがこの園に関心を深めるきっかけになった、象の壁画。団地の中のちいさな園ですが、子どもたちのこころとからだは大きく大きく育っています。

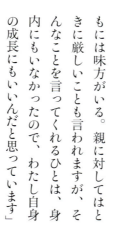

わらべうたや手あそびなど、伝統的なあそびをたくさん取り入れています。

みんなで集まって……次は何をしようかな？

お弁当の時間。ときには年長さんがみそ汁をつくり、みんなで食べることも。
さっき摘んだニラ（P62）が活躍。

先生、ここはどんな園ですか？

子どもを真ん中にして しあわせを考える園

関東を中心に「幼児教室」はあり、その多くは団地の中につくられています。小金原保育の会 幼児教室も、保育主任の根本幸子さんが子育て中に、団地の仲間たちと立ち上げた園でした。

「紆余曲折はあるけれど、設立当初からの『子どもを真ん中にして子どものしあわせを考えていく』という方針は変わっていません。現在は遠方から通ってくるひとたちが多くなりました。噂を聞いて、足を運んでくれるんですね。いまは『大人になりきれていないひとが、子育てをする時代』と感じます。だから、保育者も自分の育児や教室での経験を交え、ときには厳しいことも言います。それでお互いに、感じたことを自由に言える関係ができたら、子育てはもっとラクになるはず、とわたしは思います。だから、園を選ぶなら、『お預け』するだけでなく、大人も学べる園がいいんじゃないでしょうか。子どもだってそう。いい子いい子、と育てるより、子どもの年齢なりの『こだわり』や考えを尊重して、やりたい！ という思いを充分出し切ってほしいと思っています。それには、知識を増やすより、環境から自分で感じ取るよう、大人は見守る役にまわること。それでも子どもは、ちゃんとルールを理解して、育っていくんですよ」

育児は育自。そんな日々を送れる園が、ここにありました。

小金原保育の会 幼児教室の一日

9:00～9:15	子どもたちは大人と一緒に電車、バス、徒歩などでめいめい登園
9:20	朝の会・当番活動
10:00頃～11:30頃まで	課題活動・自由あそび
11:30頃～	お弁当
12:00～14:00	食後の絵本の時間と自由あそび
14:00	帰りの会、降園（その後預かり保育もあります）

保育主任の根本幸子さん

読者の園選び どうしてその園に決めましたか？ ―その6

シュタイナーこども園
おひさまの庭
（東京都八王子市）

急かさず、ありのままを大切に、みんなで育てたいから

シュタイナー教育を求める親たちが立ち上げた「おひさまの庭」。東京・高尾の豊かな自然と調和し、たくさんの大人に見守られて過ごすアットホームな環境は、子どもたちの笑顔に、いきいきとした輝きを与えていました。

撮影＊泉山美代子

シュタイナーこども園
おひさまの庭
〒193-0824
東京都八王子市長房町1541-2
info@ohisamanoniwa.org
http://ohisamanoniwa.org
シュタイナー教育を取り入れている、共同保育の保育室（無認可）。3〜6歳の縦割り保育。

子どもの育ちを大切にしたかったから

都心から電車で45分ほどの、緑深い静かな住宅地の一画に、シュタイナーこども園「おひさまの庭」はあります。

3〜6歳までの子ども15人が半日を過ごす「おひさまの庭」は、親たちの自主運営による、シュタイナーの教育観にもとづいた共同保育の保育室。

「設立メンバーの多くは、上のきょうだいが別のシュタイナー幼稚園に通っていた頃からの知り合い。早期教育や〈できること〉を急がせるような保育ではなく、ちいさな子どもの自然な育ちを尊重したシュタイナーの考え方を大切にしたいと考えています。

上の子たちが入学したシュタイナー学園が神奈川県藤野市に移転したので、隣町の高尾近隣に転居してきたのですが、この地区にはシュタイナー幼稚園がなくて……。それで、『なければ自分たちでつくろう！』ということに」

そう話すのは、設立メンバーで、現在も運営の中心を担っている保護者のおひとり、角出《かどで》ちゆきさん。

開園までには、たくさんの課題が。目指す方向性に共感してくれる保育者と出会えるか、条件の合う園舎が見つかるか、園児が集まるか……。1年間の準備期間を経て、2008年5月、やっと現在のかたちで船出しました。

「おひさまの庭」の園児と大人。この日はお休みでしたが、5歳の在園児、鵜野環さん、酒井智也さん、角出優季さんと、この春卒園した小学生の山本想子さん（6歳）、そしてそのおかあさんたちが集ってくれました。ご近所の方が届けてくれた、採れたての巨大たけのこと一緒に記念写真。

ささやくような、やさしい声でうたいかける保育士・丸山さんの目を、まっすぐに見つめ返す子どもたち。

心地よい居場所で、クスクス、ヒソヒソ……みんな仲がいい！

誰からともなく、歌や手あそび、布あそびがはじまります。

「シュタイナー教育」にこだわらず、本物の環境を

温かみのある家具やおもちゃ。もも色の布で包まれたような室内。室内外の大工仕事は園児のおとうさんたちが少しずつ手を入れてきたのだと言います。「おひさまの庭」では、保育者・丸山佳美さんが子どもと過ごすことに専念できるように、親が園の運営を分担。保育内容は保育者に任されています。

「子どもたちの園での姿や、お互いの家庭事情などは、必要に応じて佳美さんを中心に父母会で共有することも。そうすることで、うちの子、よその子、ではなく、みんなで育て合う関係ができていくんです」（角出さん）

おかあさんたちが話している隣で、ささやくような声と、やわらかなまなざしで子どもたちに接する丸山さん。元気いっぱいにあそんでいた子どもたちも、丸山さんの語りかけには、すぐに耳を傾け、応えます。

「佳美さんの保育者としての技量はもちろん、何よりもすばらしいのは、人間存在に対する強い信頼感です。『この子はこの子でいい』と信じて見守ってくれる大人が身近にいることは、子どもにとってかけがえのない宝もの」と言う鵜野《うの》久美子さんに、「シュタイナー園に限らず、大切なのは教育理念ではなく、それがどう実践されているかだと思うんです」と、酒井由紀子さんもうなずきます。

今春卒園し、公立小学校に入った山本想子さんのおかあさん、久美子さんの、「ここで『大人や友だちは信じられる存在』という安心感をもらった娘は、新しい世界にも臆せず過ごせています」ということばが、「おひさまの庭」のすべてを物語っているようです。

室内には、無垢材を使っておとうさんたちが手がけた家具や、自然素材で手づくりした素朴なおもちゃが。

自然との調和を感じながら過ごせるよう、外あそびや散歩なども大切にしています。

発想もあそび方も、とてもクリエイティブで驚かされます。あらゆるものが子どもの〈おもちゃ〉になっていくようです。

いまはじっくりとお人形あそび。一人ひとりが、その子らしいあそびの世界も大切にできる環境が整っています。

子どもたちと一緒に手づくりする、日替わり穀物のクッキーでおやつの時間。やさしい味わいのおやつをみんなでいただいたあとは、そろって「ごちそうさまでした」。

先生、ここはどんな園ですか？

保育者の
丸山佳美さん

子どもと大人がともに育つ 豊かさを感じられる園

園児の親たちが全幅の信頼を寄せている保育者・丸山佳美さんは、園の生活をどう考えているのでしょう。

「いまは〈何でもないこと〉を大切にするために力がいる時代でしょうか。ここには特別な設備やイベントはありませんが、保護者はもちろん、園舎の大家さん、隣のお寺のご住職など地域のみなさんの協力と理解に恵まれ、子どもたちは、信頼できる大人や仲間の存在を感じながら、日々を過ごしています。

シュタイナーの教育観には、深い人間洞察にもとづいた、実践的な知恵があります。わたしは「おひさまの庭」の生活を通じて、大人も、信頼と絆を深め合えたらと願っています。子どもとともに歩むことは、大人自身にも多くの豊かな気づきをくれます。

子どもたちの成長の喜びや営みを、本や知識の世界だけにとどまらず、生きた体験として分かち合える、育ち合いの〈場〉にしていけたらすてきだなと思っています」

子ども一人ひとりが本来もっている「その子らしさ」を尊重し、みんなで大切に見守っていく。

「おひさまの庭」は、名前のとおりに、子どもと、そこに関わる大人たちがともに育つ、温かな〈庭〉のようです。

シュタイナーこども園 おひさまの庭の一日

8:45	登園後、自由あそび、料理、手仕事など（週に一度、水彩のぬらし絵）
	片づけの後、季節の歌やわらべうた、詩やことばに合わせたリズムあそび（週に一度専任講師によるオイリュトミー）
10:45頃	おやつ　自由あそびの間につくった、穀物主体のおやつをいただく
	外あそび　園庭でのあそびや庭仕事のほか、近くの川などに散歩も。自然環境が豊かです
12:15頃	お話　ろうそくを灯してむかし話や人形劇を
12:30頃	昼食　お弁当を持参してみんなでいただく（週に一度保育者とともに料理した給食をいただく）
13:15	降園　歌をうたって、さようなら

シュタイナー園、モンテッソーリ園って？

幼児教育おさらい

知識を詰め込むばかりの「早期教育」とは異なり、子どもの生きる力を伸ばすためにあるのが、シュタイナーやモンテッソーリをはじめとした「幼児教育」です。

まとめ＊編集部

シュタイナー教育

人間の発達段階を7年ごとの周期で考え、幼児期に当たる最初の7年はとくに、すべての土台となるからだづくりの時期、模倣することで学ぶ時期だとしている。

また、子どもたちには「くり返し」が重要だとして、日、曜日、月、季節ごとのリズムを、身近な大人が意識的につくることを求めている。

ルドルフ・シュタイナー

オーストリア生まれの哲学博士（1861～1925）。自ら生み出したアントロポゾフィー（人智学）に基づき、教育だけでなく、医学、治療教育、薬学、芸術、建築、農業など、さまざまな分野で独自の世界観を展開し、多くのひとに影響を与えた。

シュタイナー園の特徴

●子どもが安心できる「くり返し」のリズムをつくるため、日ごと、曜日ごとに行うことを決めている。ライゲン（季節や自然をことばや歌におり込んだ、からだを使ったあそび）、ぬらし絵（あらかじめ濡らした画用紙に、赤・青・黄のみの絵の具で描くお絵かき）、メルヘン（子どもの想像力をふくらませる素話や読み聞かせ）といった活動がある。

●用意するおもちゃは、子どもの想像力（ファンタジー）を引き出し、「ごっこあそび」を広げられるもの。自然のままの松ぼっくりや木の枝、羊毛、ヴァルドルフ人形（あえて目や口をシンプルにつくり、さまざまな表情が読み取れるようにした人形）や、プレイシルク（染色した大きめの布）のほか、蜜ろうクレヨンや蜜ろう粘土（ハチの巣から採るワックスでつくる）など。

●大人は子どものすることに手を出さず、自分の仕事をしながら子どもたちを見守る。子どもたちも大人がすることをよく見ているので、ときに大人の仕事を真似したり、自然と手伝うようになる。

そのほかのおもな幼児教育

フレーベル教育

ドイツの教育者、フリードリッヒ・フレーベル（1782～1852）が提唱。世界で最初の「幼稚園」（キンダーガルテン＝子どもたちの庭）はフレーベルが創設した。子どもを「人間という大きな樹になるちいさな種子」と考え、その花を大きく咲かせるために幼稚園の教員養成にも力を入れた。「恩物《おんぶつ》」と呼ばれる教具を開発し、それをベースにした積み木などがいまなお親しまれている。

フレネ教育

フランスの教師、セレスタン・フレネ（1896～1966）が提唱。生涯、一教師として「子どもが主体の教育とは何か」を追求・実践した。異年齢の縦割りクラスでは、年上の子どもが年下の子どもに気を配ることが、ごく自然に行われる。3歳から自分の思いを文章で表現する、勉強や学校での仕事は自ら探して行う（「イニシアチブ」と呼ばれる）など、自発的な行動が無理なく引き出されている。

参考文献：クーヨンBOOKS①『シュタイナーの子育て』、クーヨンBOOKS③『のびのび子育て』、クーヨンBOOKS⑥『モンテッソーリの子育て』（すべて、クレヨンハウス刊／P112参照）

モンテッソーリ教育

成長の土台をつくる期間を24歳までで4段階に分け、第一段階の6歳までには、ある特定のことに対してとくに感受性が豊かになる「敏感期」があるとした。0〜3歳の「秩序」、3〜6歳の「感覚・運動」など。いくつも訪れる敏感期を最大限に伸ばすため、環境を整えることが大人の役割だとしている。

マリア・モンテッソーリ

イタリア初の女性医学博士（1870〜1952）。「知的障がい」をもつ子どもの教育を通じ、子どもの発達に沿った教育メソッドを確立した。晩年には平和と子どもの生命の尊重を訴える運動を展開し、ノーベル平和賞の候補にも挙げられた。

モンテッソーリ園の特徴

●多くが異年齢の縦割りクラス。活動の時間は区切るが、どんな活動をするかは、そのときの興味によって子ども自身が決める。準備・片づけもすべて自分で行えるように、環境が整えられている。

●年齢ごと、敏感期ごとの興味を満たすことのできる「教具」と呼ばれるあそびの道具で、発達に応じた「お仕事」を行う。指で「つまむ」、パズルなどを「はめる」、カードなどを「並べる」、糸と針で「縫う」、水を「そそぐ」、食べものを「切る」など多数。また、ガラスや陶器のピッチャー、ペティナイフなど、扱いが難しいと思われがちなものも、本物の道具を使う。大人サイズでは扱いにくいものは、子どもサイズのものを用意したり、せっけんなどはカットするなどしてある。

●大人は「ことばでおしえる」よりも、「順を追ってやり方を見せる」ことを大切にしている。大人からだけでなく、年上の子どもや先にできるようになった子どものようすから学ぶ場合もある。

ニキーチンの幼児教育

ソビエト連邦（いまのロシア連邦）に暮らしていた、ボリス・P・ニキーチン（1916〜1999）とレーナ・A・ニキーチナ（1929〜没年不詳）が自らの子どもたちに行った。零下20度の戸外に裸のあかちゃんを連れ出す、雪の上を裸足で歩かせる、危険なことはあえて体験から学ばせる……など、型破りな育児法は国内外で賛否両論を呼んだ。すべては「目の前の子どもたちを見たうえでの判断」によっていた。

コダーイの音楽教育

ハンガリー生まれの作曲家・音楽教育者、コダーイ・ゾルターン（1882〜1967）が提唱。子どもにもっともふさわしい音楽として「それぞれの民族のわらべうた」を、音楽教育の要とした。これは、母国語で無理なくうたえるためである。また、「うたうこと」を重要視し、保育者が正しい音程でうたうことを求めた。いまも世界各国の音楽教育現場では「コダーイ・メソッド」が受け継がれている。

ないなら つくろう 子どもの居場所

すてきな園があることは知っているけれど、
もっと近くにほしい。
子どもの保育にもっと関わりたい。
それなら、自分でつくってしまえばいい！
そんな思いをかたちにしたひとたちがいます。
親子で満足できる「子どもの居場所」は、
案外、近くにあるかもしれません。

写真／くらすこと こども園（P72～）より

くらすこと こども園 おやまこやま（福岡県糸島市）の場合

地域、自然の中に「子どもの居場所」をつくりたい

「子どもと一緒のスローなくらし」をテーマに活動する「くらすこと」を主宰しながら、東京都三鷹市で子育てをしていた藤田ゆみさん。2011年の震災後、あらためて暮らしを考え、福岡県糸島市への移住、そして、あたらしい「子どもの居場所」をつくることに決めました。その活動と、これからの展望をうかがいました。

お話＊藤田ゆみさん（くらすこと こども園 おやまこやま 代表）
撮影＊藤本幸一郎

登園すると子どもたちが起こす「おはようこびと」。それぞれのおかあさん手づくりの人形です。

木でつくられた園舎の縁側。外あそびに出るときはここから。敷地内の小川であそぶので、長靴を準備して。

くらすこと こども園 おやまこやま
〒819-1601
福岡県糸島市二丈深江 2646-1
www.kurasukoto.com/kodomoen
「子どもをまんなかにした保育」をする自主保育の場。シュタイナー教育、自然育児の考えを取り入れている。

農地だった栗林を切り拓いた土地に、2階建ての園舎が建てられています（「こども園」の活動は1階）。斜面を登って、これから外あそび！

フライパンを手にして、さあ、何をつくろうかな？

土に近い暮らしを糸島市で実践

都心で子育てするなかで、子どもたちのあそび場の少なさなど、折に触れ窮屈さを感じていたという藤田ゆみさん。東京を離れ、縁があって辿り着いたのが糸島市。いまの自宅と「こども園」の敷地は、もともと農業用の栗林だったところを拓いたものです。

「まずは工事車両を入れるために、道路をつくるところからはじまりました。自宅と園舎のあるところは宅地としていますが、それ以外の敷地は農地のままなので、農業者としての登録もしています」

園舎から藤田さんの自宅へつながる傾斜には、栗の木や用水路（小川）がそのまま残され、子どもたちのあそび場になっています。

「栗の木は、いまは日当りのために一度、枝を落としました。時間が経つにつれてまた茂ってくると、ここの印象も変わると思います。手入れは続けていくつもりです」

天気のいい日は、縁側でおやつの時間。果物か、当番のおかあさんがつくってくれたおやつを食べます。

斜面を元気よく上り下りしながら、思い思いにあそびます。
(上)虫とりをする子たち。この日はとんぼを捕まえました。
(中)真剣な表情で、「カレーづくり」の真っ最中！
(下)敷地内を流れる小川で、水を汲んだり、ものを洗ったり。

「子どもが真ん中」であるための保育

「こども園」は、「子どもにとってよいもの」という観点から、シュタイナー教育と自然育児を取り入れています。保育を担っているのは、藤田さんと以前から親交のあった保育士さん。子どもたちがたっぷりとファンタジーの世界に浸り込める環境があり、たとえば外あそびに出る前、子どもたちが「行ってきます！」と声をかける相手は……。

「押入れには『おしいれおおかみ』がいるので、いつも声をかけていくんです。みんな、姿は見たことがないようですが……」

子どもたちの想像力は、外あそびのなかでも存分に発揮されています。最近みんなのお気に入りという斜面の一角では、草・枝・泥・水で「カレーづくり」「カレーパフェづくり」が盛り上がっていました。ふたりいる先生のうち、ひとりはあそびの輪の中に一緒に入ります。自然はたくさんあっても、そこでのあそび方がわからない子は多いので、それとなく導いてあげているんですね。もうひとりは近くにいて、あそび全体を見ている……というかたちです」

あそびに使うのも、外ならスコップやバケツに加え、使い古しのなべやフライパン。室内なら松ぼっくりや枝、布やひも、陶器など、あそび方を限定しないものです。

「わたし自身は、直接保育に関わってはいませんが、子どもたちもわたしが園のお隣に住んでいるのは知っていますし、のぞきに行くこともありますから、仲よしですよ」

子どもたちから「ゆみさん」として親しまれている藤田さん。娘の柚《ゆ》朱《ず》さんも、3歳になったら「こども園」に通う予定ですが……。

「何かあったら、本当にすぐ帰ってこられてしまうことが、ちょっと悩ましいですね（笑）」

栄養士であり、佐賀の出張おにぎり屋「おにぎりや　おてて」の馬場久枝さんがメニューを考え、給食係のおかあさんがつくります。こぼさないよう、机に「おへそをくっつけて」。まずは「食べ切る」ことができるよう、この日は、まぜごはんのおにぎり、みそ汁、切干大根と、シンプルなメニューでした。

くらすこと　こども園の一日

登園後	室内あそび。曜日によってにじみ絵などが用意され、やりたい子が好きに取り組む
10:00すぎ	外あそび
お昼	給食をみんなで食べる
お昼のあと	メルヘン（室内でお話を聞く）の時間のあと、お昼寝
15:00頃	おやつを食べて、そのあとお迎えの時間まで外あそび

室内にあるのは、シュタイナー教育を取り入れた、自然素材のおもちゃなど。飾り棚は、藤田さんのお連れ合いの手づくりです。

「いろんな子どもたちの居場所」を、ここから

自分の家族にとっても、自分にとっても無理のない暮らしを、糸島市で実現した藤田さん。2016年夏にはギャラリースペースを福岡市中央区にオープンするなど、福岡での活動をスタートさせつつ、「こども園」を拠点に「いろんな子どもたちの居場所」をつくりたいと話します。

「いまは園舎の1階で3〜5歳の『こども園』をスタートしたばかりですが、これから1〜2歳の家庭的保育室やプレーパーク、小学生のための居場所づくり、ショップなども展開していきたいと思っています。とにかくここを、いろんな年代の子どもたちの笑顔が生まれる場にしていきたいんです。そのためには、通うひとしか来られない場所に留めないで、もっと外に開かれたところにしようと思っています」

まずは、一緒に活動してくれるひととの出会いをあたためているところだという藤田さん。

「こうした活動は、やっぱり理解してくれるひと、一緒に活動してくれるひとがいてこそですね」

園舎の2階の窓を開ける藤田さん。大きな窓からは、心地よい風が吹き抜けます。

「子どもの居場所」を真剣に考える大人が集まりました

糸島市は、移住してきたひとも多い土地ですが、みんながみんな、はじめから藤田さんの、子どもと家族のためのスローな暮らしを提案する「くらすこと」の活動を知っていたわけではありません。だからこそ丁寧に、入園説明会を行いました。

「通っている子どもたちの家庭は、わたしたちのように移住してきたひともいれば、昔からこのあたりに住んでいたひともいて、さまざまです。同じなのは、子どもたちの過ごす場所のことを、真剣に考えているということです」

「こども園」は、まだはじまったばかり。園に関わる大人たちも、子どもたちと一緒に、日々育っていっているようです。

ふじた・ゆみ　4児の母。2005年から「くらすこと」の活動をはじめる。13年、福岡県糸島市に家族で移住。16年から同地で「くらすこと こども園 おやまこやま」をスタート。著書に『子どもと一緒にスローに暮らす おかあさんの本』(アノニマスタジオ)など。写真は娘の柚朱さんと。

自主保育「そらまめ」（神奈川県三浦郡）の場合

「ひとつのかぞく」のような保育を

薬膳料理家・山田奈美さんは、息子の大地さん（2歳）と同年齢の子どものいるおかあさんたちと自主保育をはじめました。自宅で、気の合う仲間と……。これも、保育の選択肢のひとつかもしれません。

撮影＊宮津かなえ

この日は柏餅づくり。柏餅の皮にする上新粉に水を混ぜます。いつもお手伝いをしている大地さんは手慣れたもの。

自主保育「そらまめ」
〒240-0111
神奈川県三浦郡葉山町一色1681
古家1681（coya 色あい）
tel 046-876-9170
www.soramamehayama.blogspot.jp
coya1681@gmail.com
薬膳料理家・山田奈美さんの家族をはじめ、自然育児の姿勢をもつ家族による自主保育の場。

ひとつのかぞくのように子どもたちを見守りたい

「葉山はもともと自主保育が活発なエリアで、大ちゃんも自主保育に入れようと思っていたんです」と山田奈美さん。神奈川県の葉山で主宰する薬膳教室の生徒さんだった早田真知子さんに、同じ年頃の黄斗《きと》さんがいたことがきっかけになり「じゃあ自分たちではじめよう」と、2014年6月に自主保育「そらまめ」がスタートしました。

　拠点は築85年の古民家。山田さんと夫のものづくり作家・春日泰宣《やすのぶ》さんの自宅兼アトリエです。緑豊かな庭に日当りのいい縁側、襖を開けると広い空間となる日本家屋は子どもたちのあそび場にうってつけです。

「『親も一緒にたのしみながら、ひとつの家族のように、みんなで子どもたちの成長を見守りたい』。そんな仲間たちが集まったんです。保育のプロはいませんが、おかあさんやおとうさんたちが知恵を出し合い、試行錯誤しながら続けています」と山田さん。もともと価値観が近いひとたちが集まったので、何か決めるのもスムーズだと言います。

「『子どもが転んでも、なめておけば治る』、『熱が出ても薬で無理に下げなくていい』という自然育児の姿勢が共通しているからラクですね」

　友人だった早田さんの誘いで、参加するようになった今井わか子さん。

「みんなが干し芋を持参するのを見て、手づくりできることをはじめて知ったんです。勉強になります」

　ヨガや音楽、子どものおやつづくり、それぞれの得意分野をおしえ合うこともしばしばです。

山田さんが柏餅の生地をこねはじめると、早速、子どもたちが集まってきました。

お昼はちらし寿司。春日さんが外のかまどで炊いたごはんをみんなで団扇であおぎ酢めしをつくり、それぞれが持ち寄った具を混ぜました。食卓を囲むとまるで大家族。

庭のかまどでごはんを炊く、春日さん。ごはんが炊き上がるまで、代わる代わる子どもたちがかまどのそばを訪れて、火の番をしています。

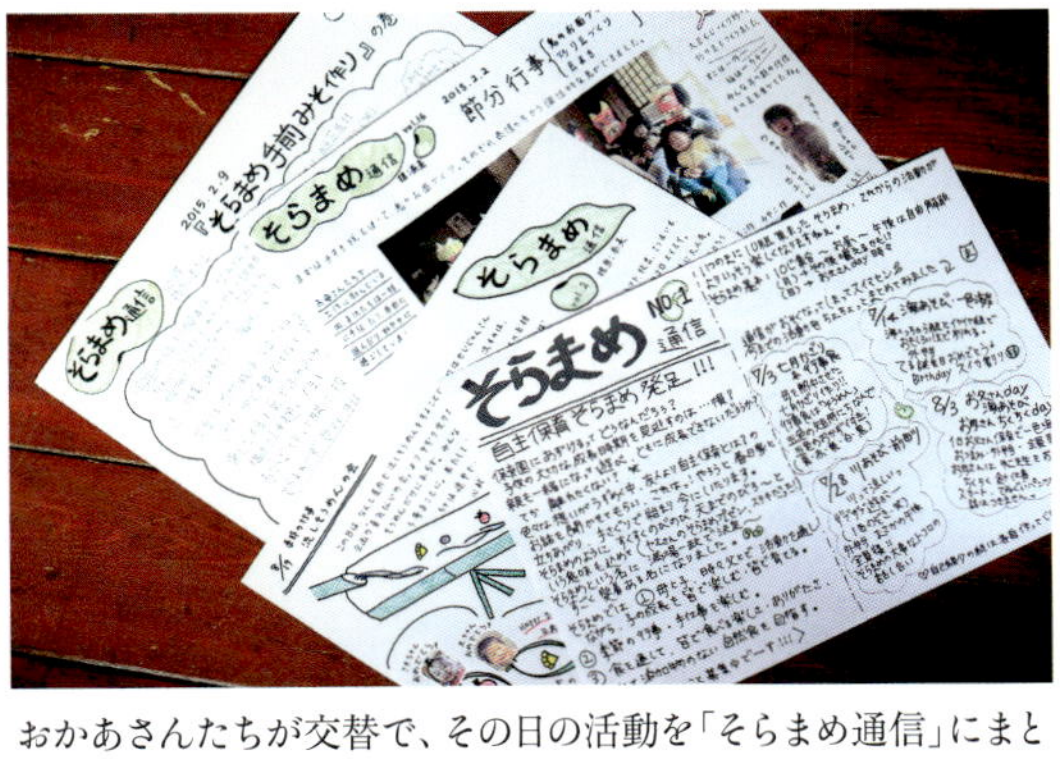

おかあさんたちが交替で、その日の活動を「そらまめ通信」にまとめています。手書きの文字にイラストや写真入りで、食べたものや、子どもたちのようすがいきいきと綴られています。

[月刊クーヨン]2015年7月号に掲載された記事を再編集しています。

この日集まったのは７組の親子。右から、山田奈美さん・大地さん、早田真知子さん・黄斗（きと）さん、榊笙子さん・颯馬さん、ロドリゲス真理さん・星南（せな）さん、山田さんのお連れ合いの春日さん、三浦なみ子さん・咲樹子さん・芙樹子さん、今井わか子さん・禄（ろく）さん、玉澤恵子さん・桜都（おと）さん。保育内容はそれぞれがやりたいことを挙げてもらい、「食」「自然あそび」などに分類し、みんなで話し合って2ヶ月分を決めています。

親子の時間と違った 魅力が自主保育にある

端午の節句が間近だったこの日は、柏の葉にまつわる紙芝居を見てから、柏餅とちまきづくり、和紙を使った鯉のぼりづくりと盛りだくさん。「とにかく親のほうが夢中になってたのしんでいるんです。すると、子どもたちが寄って来て、一緒にやりはじめます」と山田さん。

子どもたちは自分のおかあさんから離れて、それぞれに興味をもったものの作業に加わったり、外であそんだり……。

「最初のうちはひとりであそぶ子が多かったのですが、いまでは子どもたち同士であそぶので、親同士で話ができます。それに親子だけだと子どもが泣いたときになかなか放っておけませんが、仲間がいると『行かなくてもいいよ』と言ってくれるので、子どもに余計な手出しをしなくてすむのもいいですね」と山田さん。

最近は新しい仲間の加入も増えて、思い描いていた異年齢保育も実現。0歳から5歳までの子どもたちが、ときにぶつかり、ときに助け合い、互いに影響しあいながら育っています。「いずれはそらまめ拡大版として幼稚園をはじめることも検討中」と、ますます夢はふくらんでいます。

子どもが泣くのは日常茶飯事。大人は過剰に反応しないよう、ちょっと離れて見守ります。これも、親子関係を超えた自主保育だからできること。泣いている子を心配して、近寄って来る子の姿も。

あかちゃんに興味津々。頭やおなかをなでて、かわいがっています。あかちゃんもみんなに囲まれてうれしそう。

敷地内の農園「りりぱっとふぁーむ」では、農薬も肥料も水さえ与えずに、おいしい野菜が育つ炭素循環農法を実践。農園横にはかまどやピザ釜なども設置した大屋根のあるスペース「りりぱっと給食室」があります。

託親子所「里山ゆうなうらし」（香川県高松市）の場合

地域のママと子どもが集まれる場を

「里山ゆうなうらし」を主宰する、松見千奈美さん。

お金をかけて預けるより親子で過ごす託親子所を

香川県高松市にある、松見歯科診療所。子育て中の患者さんや地元のひとたちの声から「里山ゆうなうらし」（沖縄の方言で「豊かな暮らし」という意味）は誕生しました。診療所で「食」の指導をする、松見千奈美さんが主宰しています。

「ちいさな子どものいるひとたちから、保育園や幼稚園の給食やおやつに関する不安をよく耳にしていました。また、仕事に出ると車の維持費や洋服代、保育料などが必要になり、場合によっては収入と出費がとんとんに。それでは意味がありません。そこで『子どもをどこかに預けるより、ママと子どもが集まれるところをつくればいい』と、『里山ゆうなうらし』をはじめました。親子で参加する『託親子所』のイメージです。畑を開墾し、穫れた野菜で給食をつくり、おやつはごはんになるもの中心です。いずれは毎日活用してもらえる場を考えています。また、おかあさんたちが弁当の宅配や農産加工物の販売などをして、収入を得られるようになればとも思っています」

畑を耕し（上）、そこで穫れたものをみんなで食べるたのしさ！

託親子所「里山ゆうなうらし」
〒761-8015
香川県高松市香西西町7
松見歯科診療所
tel 087-881-2323
otoiawase@matsumishika.jp
www.matsumishika.jp
畑づくりや「りりぱっと給食」など、食にまつわる単発のワークショップを不定期に開催。

写真提供＊松見千奈美

海のようちえん（神奈川県逗子市逗子海岸）の場合

もっと海を「日常」に、子どもも大人も本気であそぶ！

「森のようちえん」があるなら、海にだって！暮らしのそばに海がある神奈川県逗子市でスタートした「海のようちえん」は、保育の専門家ではなく、地元の子育て世代が中心になってはじめた試みです。自然体験と、地域のつながりと。いま、見つめ直したいものが、ここにあります。

お話＊永井巧さん、小野寺愛さん（海のようちえん）
撮影＊宮津かなえ

海のようちえん
海と山を親子であそぶ自主保育。母体は一般社団法人「そっか」。神奈川県逗子市の逗子海岸を拠点に、毎週水曜日に開催。「わたしの子どもから、わたしたちの子どもたちへ」を合いことばに、日本財団のサポートを得て、親たちが自主的に運営している。ホームページは現在リニューアル中。お問い合せはsokka.zushi@gmail.com へ。

＊活動の写真は、不定期開催のワークショップ時のものです。現在の活動のようすとは変わっている部分もあります。

こども造形教室を行っているユニット「ドゥイ」が提案するワークショップで、海を背景に、窓にマスキングテープでお絵描きする子どもたち。空に雲を浮かべたり、「(窓の向こうの)あのおじさんにひげつけちゃえ」なんてあそんだり。室内で行われているこれらのあそびと、海そのものと、子どもたちは自由に行き来してあそびます。

海岸に出た子どもたちは、大人に促されるまでもなく、誘われるようにどんどん海へ入っていきます。服のままだっておかまいなし！　まるで温泉のように肩までつかって、気持ちよさそうにしている子も。

３歳ではじめての波乗り。たのしくてたのしくて、何度も「もういっかい！」と言って沖へ。そばで永井さんが見守ります。写真提供＊小野寺愛

宝探しもたのしい浜辺。穴のあいた貝を集めて海藻に通せば、こんなブレスレットもできちゃいます。

指先にも海、まつげにも、足の裏にも海！

岩場にロープを結んで「山登り」(左)。「まっすぐ登るのがむずかしければ、登れそうなところを探してごらん」「前にひとがいるときは、落ちてくるかもしれないから登らないで」と永井さん。右は、崖の下に籠を下ろして何かを入れてもらい、引き上げるあそび。どちらも大人は危なくないよう見守りながら、手を出さないようにがまん。

おたのしみはやっぱり食べること！　たき火を起こしてマシュマロ焼き(上)は、木を集めるところから子どもたちと一緒に。地元の魚屋さんが届けてくれたマグロのカマも、おいしそうに焼けました(左)。

最初の構想は「大人も通う幼稚園」！

子育て家族に人気の神奈川県逗子・葉山エリア。暮らしのそばに海があるこの場所に住んでいても、海に入るのは夏の海水浴シーズンだけという子どもたちも少なくありません。それを残念に思ったのが、「海のようちえん」を主宰する永井巧さんと小野寺愛さん。何しろおふたりとも海大好き、サーフィン大好き！

四季折々の海の表情とたのしみ方を、よーく知っていました。そこで子どもたちにもっと海体験をと「海のようちえん」をスタート。

「2～6歳の、環境からまるごとそのまま吸収できる、いちばん感受性の高いときにこそ、海を体験してほしいと思ったんです」と小野寺さんが語るように、最初は6歳までの不定期・休日ワークショップとしてはじまりました。

地元のアーティストや職人さんを講師にしたのは「大人と一緒にセンス・オブ・ワンダー（自然の神秘に目を見張る感性）をもつことができたら、もっと広がりがあってたのしいと思って」（小野寺さん）のことでした。

「『海の水も、陸の土と同じように、環境汚染などによってやせるもの』と黒真珠の養殖を南の島で行っていたときに聞きました。水も土もわたしたちにとって、子どもたちにとって大事なもの。幼いときから水や土にまみれていっぱいにあそぶことで、そのことが身体に馴染んでいくのかな、と」（永井さん）

海と地域で全力子育て！

休日のワークショップは、言わば海を「特別に」たのしむもの。もっと「日常的に」たのしめるようにしたいと、「海のようちえん」は大きくスタイルを変えることになります。

「逗子でいえば、逗子海岸は、この町でいちばんの『広場』です。海に来ればたのしいことがある。おいしいものがある。友だちと会える。その経験を子どもたちと一緒に重ねていきたいんです」（永井さん）

「まずは週1回やってみようと、親子で海あそびをはじめました。海に入るのはもちろん、浜辺で子どもの背丈より大きな砂山をつくったり、ボールであそんだり。子どもも大人も本気であそびますよ！　いずれは平日毎日の活動にしたいです」（小野寺さん）

小野寺さんたちが「日常」を大事にするのは、最近の保育事情が大きく関係しています。

「いま、『保育園に入れるか入れないか』が働く母たちの死活問題ですが、もっと自由に、母も子も受け入れられる場の選択肢を地域に増やしたいです。自主保育というかたちですが、毎日親子で来るもよし、おかあさんが用事のときだけ来る子もよし。海で『わたしの子どもたちから、わたしたちの子どもたちへ』という大人のこころの持ちようも育まれ、自然な預け合いができるようになったらと願っています」（小野寺さん）

「活動を重ねるほどに、海岸が子どもたちにとって、大事な場になります。そもそも誰にも開かれているし、自由にあそぶことのできる砂があり、貝や海藻などさまざまなものとの出会いがありと、海には穏やかなときも厳しいときも、ドキドキと子どもたちのこころを捉えて離さない魅力がありますから」（永井さん）

海と子育てをたのしむ、「海のようちえん」の幅広い試みは続きます。

ながい・たくみ（右）海、自然とひとをつなぐことがライフワーク。放課後の海の学校「黒門とびうおクラブ」代表。お子さんは7歳と0歳。
おのでら・あい（左）国際交流NGO「ピースボート」スタッフ。「パーマカルチャー母ちゃん」主宰。お子さんは9歳、6歳、2歳。

子どもと親が一緒に育つ

自主保育の場をつくるなら

地域の親たちが運営し、預け合って保育をする「自主保育」。ここ数年、既存の園ではもの足りないと思う親たちが増え、野外であそび、小学校まで過ごす自主保育への関心は高まっていると言います。取り組みを支えてきた「しんぽれん」の矢郷恵子さんに、自主保育の立ち上げと運営のポイントを学びます。

お話＊矢郷恵子さん（新しい保育を考える会「しんぽれん」）
イラストレーション＊井上コトリ

「自主保育ってどんなもの？」

1 未就学児が対象

小学校以上と違い、保育園・幼稚園に通うことは義務ではありません。だからこそ幼児期は、親たち自身が積極的に子育てすることを考え、親子で一日中一緒にいることを最大限にたのし

2 外あそびがメイン

子育て活動のために毎日場所を提供してくれる公共の場は、残念ながら少ないもの。いつも誰かの家に集まるのもむずかしいことが多いので、外あそびを中心に考え、外あそびがしやすい

3 管理・運営はすべて自分たち

親たちが運営する自主保育。園や主催者がいるものと違い、活動中のケガや事故の責任はすべて自分たちで取ることになります。誰かひとりの親に責任を負わせてしまうと、活動はうまく

子どもともっと一緒にいよう

「自主保育は親の学びの場」と話す、「しんぽれん」の矢郷恵子さん。よその子ども・家族と過ごすことに大きな意味があるのだと言います。

「自分の子や家族といるだけでは見えない『違い』を知ることができます。そこから、いまの子どもが置かれた環境や子どもたちのもつ力を学ぶことができるのです。ほかの子どもを見ることで、わが子の『できること』を知り、『うちの子ももっとこんなことができるようになるんだ』と思えるようになるはず」

自主保育がさかんな背景には、お金に対する意識の変化があります。

「『お金をかけずに、そこにあるもので工夫してたのしむ創造力や自分で判断してつくりあげる力を、ちいさいときだから身につけさせたい』という考えの方はたくさんいて、手間や時間をかける自主保育が受け入れられやすくなっているのです。手づくりや自然と触れ合うことが好きな家族には、とくになじみやすい感覚なのでしょうね」

一方、「園でないと集団生活を学べない」「小学校への準備ができな

＊新しい保育を考える会「しんぽれん」について、詳しくはP110をご参照ください。

みましょう。また、ほかの家族と過ごすことで、親子ともども成長につながります。

公園やプレーパーク、河川敷などに拠点をつくることがおすすめです。

いかなくなるので、かならずグループで話し合い、保険や万が一の対応などを決めておきましょう。

「自主保育をしたい！」

1 「どんな保育がしたいか」をきちんと整理する

「外であそばせたい」だけではなく、「なぜ外であそばせたいか」をまず、自分もしくは自分の家族のなかで、きちんと話し合っておいてください。これからの活動の柱となるところなので、ここがしっかりしていれば、同じ気持ちの仲間を集めやすくなります。

2 気の合う家族を見つける

活動は3～4家族ほどで成り立ちます。人数が多いと活動日を決めることすらむずかしくなるので、まずは方針の合う仲間と少人数で集まることをおすすめします。また、「隣近所」の範囲を狭く考えすぎず、自転車で15分ほどまでを許容範囲としてみてください。

3 「拠点」を決める

仲間が集まりやすく子どもたちがのびのびとあそべる場所に設定します。その際は、ふいの雨に駆け込める施設や、近くの外科などのチェックを忘れずに。外の拠点の場合は、雨の日は「中止」ではなく「別の場所に集まる」ことにするとリズムが崩れず、活動が継続しやすくなります。たとえば児童館や博物館など。

「自主保育はこんなときどうする？」

1 特定のひとばかりに運営の負担がかかる

「何のために自主保育をしているのか」を考えましょう。「誘われたから」「あのひとがはじめたから」という気持ちや空気があると、特定のひとに負担がかかりがちです。「預け合う」という意識を再度共有する必要があると思います。

2 グループ内で意見が異なる

とことん話し合うしかありません。話し合って、それでも意見が合わないなら、一緒に活動することがむずかしい場合もあります。家族ごとに違いがあることは当たり前ですが、方針の違いはきちんと話し合っておかないと、のちのち困ることがあります。

3 フルタイム勤務で参加しづらい

フルタイム勤務によって「預け合い」ができないようなら、自主保育はむずかしいと言わざるを得ません。でもここは考え方を変えて、就学前は親子で過ごす時間を多くするなど、何を優先するかを家族で決めることが大切だと思います。

い」と考えるひとも多くいます。何より、幼児期は園に通うのが当たり前のなか、自主保育を選択するには勇気がいりますが……。

「実際、40年の活動を通して、子どもたちを見てきて、自主保育の子たちは表現力や自立心がより豊かに感じますが、ほかは園で育った子どもたちと大きな差はないですね。自主保育で育てると、子どもを比較しないで見られるようになるし、あせらないで子どもとつき合えるようになります。子どもや子育ての価値観が変わります」

その後の子育てをするときにも、自主保育の思い出は大きな財産になる、と矢郷さんは言います。

「ちいさい頃は、とにかくかわいい。そのひと言ですね。子育てのうえで大変なことも多いのですが、その後の思春期の大変さに比べたら……。思春期を乗り越えるときに、ちいさな頃の親子の共通した思い出や仲間は大きな支えになります。だからこそ、就学前はぜひ時間をつくって、子どもたちと一緒に過ごしてほしい！　先輩からのアドバイスです」

小学校に上がるまでの数年を、どう過ごすのか。その選択肢のなかに、「自主保育」を加えてみてください。

NPO法人びーのびーの（神奈川県横浜市）の場合

育て合い、預け合いで育児が豊かに

児童館がなかった神奈川県横浜市で、育児中の親子が集える「場」がほしいと願ったふたりのおかあさん。そこからはじまり、大きく育ったのが、「びーのびーの」という家族と地域のひとたちの交流の場です。そこには、地域に開かれた育児の風通しのよさが、はっきりと目に見えるかたちでありました。

お話＊奥山千鶴子さん（NPO法人びーのびーの・理事長）

撮影＊前田恵

「びーのびーの」が受託している横浜市港北区地域子育て支援拠点「どろっぷ」では利用者同士が支え合いを。子育ての悩みには先輩ママがアドバイス。たくさんの大人の見守りがあるので子どもも親から離れてあそべる安心感が。電車に乗って通う利用者がいるほどの人気ぶり。

NPO法人「びーのびーの」
〒222-0037
横浜市港北区大倉山3-57-3
港北区地域子育て支援拠点「どろっぷ」
tel 045-540-7420
www.bi-no.org
www.kohoku-drop.jp

地域に開かれた交流の場。「どろっぷ」は、「びーのびーの」が横浜市港北区から受託して運営。

スタッフ（左）と利用者は、気軽に尋ねたり尋ねられたりしています。利用者の間をつないだり、子どもとあそんだり。誰もが居心地のよい場になるように、スタッフ同士、配慮をしています。

子どもといると息苦しいことありますよね

子どもを預けて働く、預けて出かける。そのことに、まだまだ日本の社会は寛容ではありません。「育児は親の責任」と言われすぎるそのことが、とりわけ核家族での育児を苦しくしている面も見逃せません。

「びーのびーのを立ち上げる前に、吉祥寺や江東区ですでに子育て支援の場がスタートしていて、そこが0〜3歳の就園前の子ども連れで一日過ごせる場になっていたんです。児童館でも幼稚園でもない子育ての広場なのだと聞き、『わたしたちも居場所がほしかったよね』と思いました。専業主婦でも気がねなく行ける場が、当時の横浜にはなかったんです。それで仲間と空き店舗を借りてはじめたのが、びーのびーのです」と話す、理事長の奥山千鶴子さん。

びーのびーのの特徴は、設立当初から、保育や幼児教育の専門家の参加があること。「場がほしい」という親の気持ちだけではなく、「子どもが育ち合う場にしていこう」という合意からスタートしました。

「とくに第一子の育児は、家の中で母子1対1になりがちです。そしてまじめなおかあさんほど、ひとの手を借りることを遠慮する傾向が。でも子どもは案外、いろいろなひとに関わってもらうことで、目が輝くんですね」

どろっぷの外観。青と黄色の建物はレオ＝レオニの絵本『あおくんときいろちゃん』をイメージして創られました。

大人の居場所は子どもの育つ場でもある

先輩ママ、仕事をリタイアしたシニアの方、学生など多世代がボランティアで関わる、びーのびーの。

「祖父母世代のボランティアさんが、若いひとの育児を批判するのでは？　と聞かれますが、お互い話してみれば、現役世代もとてもがんばっていることが伝わるんですね。学生は子どもに大人気ですが、同時に将来子育てをするときに役立つ経験をしてもらっていると思うんです。ここでは子どもを中心に、利用者を含めみんなが〈仲間〉。地域に開かれた〈場〉をきっかけに、ひとがつながり、助け合いが自然にできる地域が育つことを目指しています」

苦しいときに助けてくれるひとは、かならずいる！　と理事長・奥山さん。そのためには、地域に頼れるひと、場所を見つけておくといいとも。「まずは行政のサービスを使い倒す！　遠慮はいりませんよ」

育児はみんなで、の時代です。

「完璧な親」なんていないんです！　だからみんなで育て合い。

夢中になってあそんでいるうちに、いつの間にかほかの子どもたちと仲よくなっていたりなんてことも……。友だちができれば、次にあそびにくるのもたのしみになります。

長崎から引っ越してきた多良尾さん（写真右）。「はじめは親子ふたりっきりだったけど、ここに来るようになってひとと話す機会が増えました。娘（志音さん・2歳1ヶ月）もひと見知りしなくなったんですよ」。いまでは親しい友だちもでき、一緒に出かけることも。

おかあさんじゃなくちゃ、なんてことはありません。見て！ この笑顔。

若いスタッフが多いなかシニアボランティアの姿も。NPOなどを通じてどろっぷの活動に興味をもち、それぞれのペースや経験に合わせて参加。孫のような子どもたちとのんびり過ごすこと自体が、それぞれの活力に。

昼食の時間。利用者同士協力し合ってテーブルなどを準備し、各々が持ってきたごはんをいただきます。

近くに泥あそびできる場所がないからとやってくるひとも。ふだんできないあそびに子どもは夢中。

おくやま・ちづこ　NPO法人「びーのびーの」理事長。出産を機に、地域での子育てを模索。横浜市港北区で保健所の発行する「子育て通信」の編集に関わるなかで、親たちの抱える不安や課題を発掘。その経験が「びーのびーの」立ち上げにつながっていった。「子育てひろば全国連絡協議会」理事長、横浜市教育委員も務める。

「よそのひと」と関わる育児がいいんです

「3歳までは母親が育てないと将来大変なことに……」まことしやかに囁かれる「三歳児神話」ですが、働くおかあさんにとっても、密室で息詰まる育児中のおかあさんにとっても、これは大変なプレッシャーです。「助けて！」と言ってはいけないの？ 3人のお子さんのおとうさんでもある、大豆生田啓友さんに聞きました。

文＊大豆生田啓友さん（玉川大学大学院・教育学研究科・教授）
イラストレーション＊小山友子

モヤモヤその1
3歳まではおかあさんが育てないと発達に悪い？

いいえ！

育児はみんなで、が歴史的には当たり前

現代の子育ては、昔と比べて、いろんな難しさがあります。いまのように、こんなにママとちいさな子どもが家の中でふたりっきりで過ごす時代はこれまでありませんでした。昔なら、同居している祖父母や親戚、ご近所さんが手助けしてくれました。

サザエさん家の子育てを見ればわかります。家族だけでなく近所のイササカ先生一家やイクラちゃん一家を含め、「みんなで子育て」であったことがよくわかります。

母親ひとりで24時間、密室・密着のなかでする子育ては、大変に決まっています。だから、いまの時代は、子どもはかわいいと思っていても、イライラしたりするなどの育児ストレスが生じやすいのです。向き合いっきりの子育てはしつけもうまくいきません。だって、生活習慣などは、子どもが周りのいろんなひとのことを見ながら真似て学ぶのです。ママがひとり密室でがんばってもなかなか身につかないのも当然です。「しつけストレス」も現代の子育て環境が背景となって生じているのです。

こうした現代の子育ての難しさを乗り越えるためにも、周囲の手をどんどん借りることも大切なのです。最近では、子育てを支えてくれる地域の場やネットワークがたくさん広がっています。

ちいさな子どもを親戚でもないひとや場に預けることに、罪悪感をもっている方もいるかもしれません。もちろん、預ける、預けないはそれぞれの自由です。でも、まだまだ、「子育ては母の手で」という呪縛から解放されにくい現実があるのも確か。ちょっと子どもを預かってもらうことで、自分の時間をもつことができ、その後、子どもに元気に向き合えるとするならば、それは子どもにとってもメリットがあることです。

また、ちいさな子どもにとって、ほかの大人にあそんでもらったり、抱っこしてもらう経験はとても大切なことです。あかちゃんだって、母親とのふれあいだけでなく、同世代・異世代の子どもとあそび、ふれあう経験が大切です。子どもの健全な成長という視点からも、ひとの手を借りる子育ては大切なのです。

子育てをサポートしてくれる代表的な3つをご紹介します！

子育てひろば（地域子育て支援センターなど、名称はさまざま）

おもに3歳くらいまでの親子の「たまり場」です。ママ友を見つけたり、先輩ママ、ひろばスタッフなどが気軽に子育ての相談にも乗ってくれます。

場所によっては、中高年や学生ボランティアさんに子どもがあそんでもらえる場合も。うまく利用できると、周囲からの「支えられ感」が得られるでしょう。

ファミリーサポートセンター

通称「ファミサポ」は、子どもを預けたいひとと預かりたいひとが会員として登録し預け合う地域ぐるみの子育て支援の仕組み。利用会員（預けたいひと）は保育園のお迎えをお願いしたい、美容院に行きたいので預かってほしいなど、条件をセンターの窓口に伝えると、コーディネーターがふさわしい提供会員（預かってくれるひと）を紹介してくれます。詳しくは、自治体のパンフレットなどで調べてみましょう。

一時保育（一時預かり）

就労や求職活動時のほか、ちょっとひとりになってリフレッシュしたいなどの目的でも利用できます。保育園や地域子育て支援センターなどの場で行っている場合も少なくありません。

モヤモヤその2
「家がいい!」と泣く子。外に出るのはムリ?

いいえ!

ゆるやかなつながりで 子も親も育ちます

保育園や幼稚園は、かならず行かなければならないわけではありません。子どもにとっても、おかあさんにとっても無理がないのなら、ふだんは家庭内での子育てがメインでも大丈夫です。ただし意識してほしいのは、子育て広場やサークル、もしくはママ友仲間との集まりでも構いませんが、何かしらの集団とつながりをもっておくことです。そうすることで、たとえ母子ふたりだけの育児がメインになっていても、密室での育児になるリスクが下げられます。

「よそのひと」がいる場に行くことは、子どもにとっても大きな意味があります。「みんなで子育て」というのは、言ってみれば〈群れ〉での子育てです。〈群れ〉の場合、子どもにとって「親以外の大人」がいると同時に、「自分以外の子ども」がいる場になります。とくに同年代以上の子どもがいると、子どもはお互いの行動を自然に真似するようになり、それが本人の成長へとつながるのです。たとえば、おむつはずれ。ほかの子がトイレを使う姿を見ていれば、自然とトイレでできるようになるものです。〈群れ〉の中での子育ては、おかあさんのみならず、子ども自身にとっても重要なのです。

〈群れ〉とは言いますが、「自分以外のひとと同じ場にいて、ゆるやかにつながっている」ということでいいのです。たとえ明らかな変化がないとしても、母子ふたりだけでは受けられない刺激を得ているはずです。

そもそも「集団生活の仕方を学ぶ」とはどういうことでしょうか。「集団の中で発言できる」「協調性がもてる」ということでしょうか。園などが、そういったことの苦手な子どもを「鍛える」場としてとらえられてしまうと、いわゆる〈内向的〉な子どもにとって、窮屈な場になってしまいます。だからこそ、「その子らしくいられる場」を探してほしいのです。園の場合、本当に子どものことを考えているなら、子どもは自分のペースを保ちながら、ゆったり過ごせているはずです。これは園との信頼関係も大きく関わりますので、親サイドも「園任せ」ということのないようにしたいものです。

最近では、「アロマザリング」、あるいは「アロペアレンティング」ということが心理学などで言われます。「アロ(allo)」とは「ほか」を意味します。つまり、母親(あるいは両親)以外による子育てを指すことばです。子育ては、そもそも親以外の多くのひとによって支えられてきたことをも意味します。じょうずにほかのひとや場の力を借りることで、ハッピーな子育てライフをデザインしてみてはいかがでしょうか。

おおまめうだ・ひろとも　玉川大学大学院・教育学研究科・教授。専門は乳幼児教育学・保育学。NPO法人「びーのびーの」理事・アドバイザー。著書に『これでスッキリ 子育ての悩み解決100のメッセージ』(すばる舎)、『いま、幼稚園を選ぶ』(赤ちゃんとママ社)など。

子育ては、いろんなひとの手があったほうが、子どもも豊かに育ちます。おかあさんだけががんばることはありません!

保存版

のびのび園えらびデータブック

一人ひとりの個性を大切に、のびのびとした
育ちを応援しているさまざまな園のなかから、
シュタイナー教育、モンテッソーリ教育を
実践している園、森のようちえん、
自主保育グループの４つのカテゴリーから
いくつかをご紹介します。
園選びの参考にしてみてください。

＊ここで紹介している園は、ほんの一部にすぎません。
どんな園・団体があるのか、もっと知りたい方は、
それぞれのページの最後に協会などの連絡先が載っていますので、
そちらにお問い合わせください。

イラストレーション＊井上コトリ

ゆったり育つ シュタイナー園

シュタイナー教育を取り入れている保育園、幼稚園、団体をご紹介します。

●……園からのコメント　【区分】……園・団体からの情報をもとに区分しています

www.nasu-mifuji.ed.jp
●本園は日本でシュタイナー教育を取り入れた最初の園のひとつですが、あわせて、創立以来続けている日本舞踊、豊かな自然環境のもとでの農作物との関わりなど、地域の自然、文化、社会の中で一人ひとりの自発性と創造力が養われるように、独自の保育をこころがけています。【私立】【認可(施設型給付)】

茨城県

社会福祉法人 木風会 野草舎 森の家

〒314-0045　鹿嶋市山之上611-19
tel 0299-94-2311　fax 0299-94-2300
www.yasousha.com
●豊かな自然に恵まれた場所、四季を感じる園舎で、子どもと大人がともに考え育ち合う関係づくりを目指しています。木々や草花、小鳥、虫たちに囲まれてのあそびや散歩、畑や料理を皆でつくり味わう毎日を通して、自然とともに生きることを実践しています。森の家にあそびに来てください。「遊びの広場」月〜金9:00〜15:00。お電話でお問い合せください。【認可】【私立】

群馬県

子どもの国ほいくえん

〒375-0021　藤岡市小林411-1
tel 0274-22-1180
http://kodomonokuni-hoiku.com
●自然豊かで落ち着いた安心感のある環境の中で、人間形成の基礎を育てる大切な時期に、子どもの個性、成長の歩みに合わせて、その子らしく、子どもらしく、たのしい日々であるよう、まごころを込めて保育を行っております。【認可外】

埼玉県

NPO法人 さいたまシュタイナー幼児教育の会 春岡シュタイナー子ども園

〒337-0005　さいたま市見沼区小深作596-25
tel・fax 048-688-8894
(telでのお問い合せは14:00以降に)
http://haruoka-steiner.org
●シュタイナー教育をともに学びながら実践し、「生きた学び」を重視して、シュタイナー教育を実践。12年生の高等部まであります。【認可外】

学校法人 山の手学園 平和幼稚園

〒063-0023　札幌市西区平和3条8-1-1
tel 011-662-5251　fax 011-662-5033
heiwakin@sirius.ocn.ne.jp
www.yamanotegakuen.ed.jp/heiwa
●こころとからだと知恵の調和の教育(基礎体力、体験学習、思いやりのこころづくり)を実践。1歳〜入園前の親子対象の「なかよしクラブ」や、2〜3歳児対象のプレスクール「ドレミクラブ」も。緑の芝生の園庭と、ビオトープが自慢です。【私立】

栃木県

学校法人 那須内海学園 那須みふじ幼稚園

〒325-0001　那須郡那須町大字高久甲6394-1
tel 0287-62-1350　fax 0287-62-1353

北海道

人智学共同体「ひびきの村」フォレストベイ・ナーサリースクール

〒052-0001　伊達市志門気町6-13
tel 0142-25-6735　fax 0142-25-6715
info@hibikinomura.org
www.hibikinomura.org
●広いひろい「ひびきの村」の草原や森、畑の中で、子どもたちはのびのびと、そしていきいきと輝いています。子どもも大人もたのしめる、季節ごとの行事も行っています。大人と子どもが共育ちしていくことを目指しています。【認可外】

NPO法人 シュタイナースクール いずみの学校 こどもの園

〒049-5411　虻田郡豊浦町字東雲町83-3
tel・fax 0142-83-3878
(telでのお問い合せは8:30〜16:30に)
info@steiner-izumi.com
http://npo.hokkaido-steiner.org
●あらゆるもののつながりと調和を大切に

●ナチュラルで素朴な手づくりおやつと玄米ごはん、四季に応じた手仕事、自然で素朴なファンタジーを鼓舞するおもちゃ、リズムのある生活……そんないきいきとした「おうち」が理想的な保育環境です。ご一緒に子ども時代を守り、子どもの個性をゆっくり育みましょう。【私立】

NPO法人 ルンビニー・わらべ園

〒236-0042 横浜市金沢区
釜利谷東1-24-8
tel・fax 045-781-9959
www.geocities.jp/lumbini_warabe_en

●シュタイナー建築の園舎。美しくあたたかな環境の中、ていねいな生活、いきいきとしたあそびや手仕事、芸術体験、身体をたくさん動かすこと、そして守られている安心感と、個性が尊重されていると感じられることを通して、日々、穏やかな身体を育みます。週4日、16:00までの延長保育も可。【認可外】

葉山シュタイナーこどもの家 うみのこびと

〒240-0112 葉山町堀内878-3
tel 080-3523-3582（上田／留守電の場合はメッセージをお残しください。ご連絡いたします）fax 046-877-1918
nyuen@uminokobito.com（お問い合せの際は、保護者とお子さんのお名前・生年月日・ご住所・電話番号を明記してください）
www.uminokobito.com

●大家族のようなちいさなシュタイナー園。「自然」「生活」「芸術」を柱に、自然のリズム、生命のリズムを大切にした保育を行っています。満3歳より入園可能。未就園児クラス等あり。【認可外（私設保育施設）】

竹の子の会・竹の子ようちえん

〒223-0052 横浜市港北区
綱島東3-4-36
fax 045-541-4128
takenokonokai@gmail.com
http://takenoko-no-kai.org

●父母の学びに力を入れています。毎日の降園時に父母会がもたれ、その日のできごとや子どもたちのようすを報告し、アドバイスを行っています。オイリュトミストと保育士がともに教育に関わっています。1〜6歳までの子どもが対象です。【認可外】

横須賀シュタイナーこども園

〒238-0031 横須賀市

を込めて伝えます。音楽と芸術的雰囲気があふれています。「人は全てのものと一つながり」。ひとと自然で大きな「環」をつくり、子育て、ひと育てする園です。【認可（施設型給付）】

一般社団法人 ヴァルドルフの森 キンダーガルテン なのはな園

〒181-0001 三鷹市井の頭2-27-7
fax 0422-79-4598
info@nanohana-en.com
www.nanohana-en.com

●井の頭公園近くの緑に囲まれた住宅街にあります。シュタイナー教育の実践を通して、安心感と信頼を育て、日々、園でのあそびと出会いの体験が子どもたちの生きるよろこびになることを願っています。【認可外】

ぎんのいずみ子ども園

〒182-0023 調布市染地2-27-1
tel・fax 042-480-8696
（telでのお問い合せは13:30〜14:00に）
ginnoizumikodomoen2000@gmail.com
（専任の事務担当者がいないため、お問い合せはなるべくこちらのアドレスへ）
http://ginnoizumi.jimdo.com

●自然に親しみながら、シュタイナー教育から見えてくるQUALITY OF LIFEに焦点を当てて、子どもも大人も生活が豊かでいきいきすることを目指しています。【認可外】

NPO法人 南沢シュタイナー子ども園

〒203-0023 東久留米市南沢3-16-63
tel 042-470-0843
fax 020-4664-2745
minamisawa-steiner@celery.ocn.ne.jp
http://minamisawa-steiner.wix.com/kodomoen

●豊かな自然の中にある幼稚園。1995年に開園し、2006年からNPO法人としてシュタイナー幼児教育を実践。3〜5歳の縦割りクラスを、シュタイナー幼児教育を専門に学んだ教師が担任しています。【認可外】

神奈川県

青葉シュタイナーこども園

〒225-0022 横浜市青葉区黒須田26-26
tel・fax 045-971-2339
（telでのお問い合せは15:00〜16:00に）
http://kodomonoie.dee.cc

践している、自然豊かな環境とおひさまの光に包まれた子ども園です。【認可外】

シュタイナー浦和保育園

〒336-0021 さいたま市南区
別所3-14-3
tel 048-844-3022 fax 048-844-3023
http://towncorp.jp/steinerurawahoikuen

●シュタイナー教育を通して、想像力豊かにあそび、四季折々の草花と触れ合い自然と親しみます。【認定（さいたま市家庭保育室）】

東京都

シュタイナー・ キンダーガーテン・モモ

練馬区
tel 03-3557-0292
（お問い合せは平日17:00〜18:00に）
www6.plala.or.jp/steiner/top.htm

●モモのベースは愛と感謝です。少人数制なのは、教育はひととひとが触れ合うものと考えているからです。体験教室（妊婦さんのためのクラスと、母と乳児のクラス）があります。【認可外】

NPO法人 すみれの庭 すみれの庭こども園

〒164-0001 中野区中野5-3-14
tel・fax 03-3389-2378
（telでのお問い合せは14:30〜17:00に）
sumirenoniwa_info@yahoo.co.jp
www.sumirenoniwa.net

●シュタイナー人智学をベースに、子どもが子どもでいられること、子どもの成長を親が感じることのできる保育、大人もともに学び育つ保育を目指しています。ありのままの姿を受け入れることで、子どもたちは大切にされ、愛され、守られていると感じます。そして、身体と意思をつくっていきます。子どもたちが安心して子どもらしく過ごし、大人もともに学び育つ園でありたいと願っています。【認可外（3歳からの幼稚園スタイル）】

こどものくに幼稚園

〒184-0013 小金井市前原町3-35-11
tel・fax 042-381-1701

●目の前にいるこの子が将来大人になって、「本当に自由な人間」として、いきいきと目を輝かせながら生きる姿を目指して保育しています。教育内容は、幼児期だからこそ「本物」を選び抜き、こころを込めて準備し、愛

← 引き続き、シュタイナー園のご紹介です。

〒610-0343 京田辺市大住虚空蔵谷55
tel 0774-63-0950 fax 0774-63-3900
soyokaze-kg@chime.ocn.ne.jp
www.soyokazeyouchien.jp
●森の中、子どもの自然な育ちを大切にするシュタイナーの思想をベースに、異年齢混合縦割りクラス。ひととしての根っこが育つ幼児期に、どの子も安心して多くの経験を重ねることができ、集団の中での育ちと一人ひとりの持ち味や特質、その子のペースやリズムでの育ちに寄り添い支えることを大切にしています。【私立】

夢窓幼稚園

〒616-8224 京都市右京区
常盤窪町1-16
tel 075-871-0709 fax 075-861-8895
www.musou-gakuen.com
●一緒に感じたり、考えたりして、ともに生活を紡いでいきたいです。子育ての悩みや苦労が、入園をきっかけとした仲間や先生との出会いによって、それを乗り越える勇気やヒントとなり、人生のよろこびへと変化していければと思っています。【私立】

兵庫県

NPO法人こどもコミュニティケア
ちっちゃなこども園にじいろ
ちっちゃなこども園ふたば
ちっちゃなこども園よつば

〒655-0052 神戸市垂水区
舞多聞西5-11-1
tel 078-784-5333 fax 078-742-9775
info@children-cc.org
(お問い合せは、なるべくメールかfaxで)
http://blog.canpan.info/kodomo
●保育が必要な子どもたちが「第2のおうち」として過ごせ、成長できる場所を、との願いから2004年に生まれました。医療的ケアが必要なお子さんや慢性疾患をもつお子さんとの共成保育に取り組んでいます。【認可外】にじいろ【認可(小規模保育)】ふたば、よつば

滋賀県

NPO法人 こども園そら

〒525-0066 草津市矢橋町314-7
tel・fax 077-567-1865
kodomoensora@zeus.eonet.ne.jp
http://kodomoen-sora.com

●「愛が実って、こころ、育む」。衣・食・住、すべてにおいて子どもの身体にやさしく、安心・安全で、子どもも大人もともに成長できる愛にあふれた環境を整えています。愛を感じれば、子どものこころは安心し、穏やかになります。【認定こども園(幼稚園型)】

学校法人 総純寺学園
清流みずほ認定こども園

〒501-0303 瑞穂市森557
tel 058-328-7228 fax 058-328-7272
mizuho@lieberrystyle.com
www.lieberrystyle.com
●保育園・幼稚園はひとつの家庭・家族であるという考えのもと、シュタイナー教育にもとづいたあたたかい子育てを実践。お昼ごはんは季節の有機野菜をふんだんに使った和食中心の献立。園舎は木のぬくもりにあふれた造りで、自然素材の建材の使用によりシックハウスの心配はありません。子どものからだとこころの育ちを第一に考えた教育・保育施設です。【認可】【私立】【学校法人】【認定こども園(幼保連携型)】

愛知県

NPO法人
うめの森ヴァルドルフ子ども園

〒465-0065 名古屋市名東区
梅森坂1-1103
tel・fax 052-705-1556 (telでのお問い合せは月・水・木・金14:00〜16:00に)
npoumenomorikodomoen@yahoo.co.jp
http://umenomorikodomoen.org
(2016年夏に変更予定あり)
●入園説明会、未就園児クラスを開催しています。詳しい情報はブログ、ホームページをご覧ください。【認可外】

学校法人 堀内学園 にじの森幼稚園

〒440-0834 豊橋市飯村北1-12-6
tel 0532-62-4514 fax 0532-62-6650
www.nijinomori.org
●広い園内には森も畑も飼育場もあり、子どもたちはひとの営みの姿を園生活の中で、日常的に体験できます。【私立】【学校法人】

京都府

学校法人 雑創の森学園
そよかぜ幼稚園

衣笠栄町3-49 1階
fax 046-853-7280 (17:00〜翌8:00)
info@yokosuka-steiner.sakura.ne.jp
www.yokosuka-steiner.sakura.ne.jp
●はじめての方にも大変わかりやすいシュタイナー幼児教育の連続勉強会を行っています。1回だけの参加も可能です。未就園児親子クラスもとても人気です。こちらは待機者リストへの登録を受けつけています。お返事にお時間をいただくこともありますが、お気軽にお問い合せくださいね。【認可外】

長野県

NPO法人 大地
幼児教室 大地

〒389-1204 上水内郡飯綱町倉井379
tel・fax 026-253-8902
daichi.aoyama@gmail.com
http://daichi-nagano.sakura.ne.jp
●四季の鮮明な流れの里山自然教育を中心に、昭和20〜30年代前半の生活体験を模しながら、自然の一員として「シンプル」「ナチュラル」「スロー」「ネイチャー」な教育活動を実践。おはなし、絵本、わらべうた、野外料理・自然料理を基本とした食を教育の中心にして活動。県外からの移住相談も可。2015年、長野県の信州型自然保育認定制度、特化型に認定。【信州型自然保育(特化型)認定】

岐阜県

学校法人 長屋学園
かがみがはら幼稚園

〒509-0106 各務原市各務西町5-189
tel 058-370-4311 fax 058-370-7658
www.geocities.jp/kakamigaharakindergarten
●7歳までは「意志」と「からだ」を育てる時期。大切なお子さまが将来困難に立ち向かい豊かな人生を送れるよう、この時期に大切なこと、わたしたちができることを一緒に考えていきましょう。【認定こども園】

学校法人 総純寺学園
清流認定こども園
わかくさ幼稚園・なのん保育園

〒501-3152 岐阜市岩滝西1-332
tel 058-243-1353 fax 058-241-7383
wakakusa@lieberrystyle.com
www.lieberrystyle.com/wakakusa

※お近くのシュタイナー園をお探しの際は下記協会へお尋ねください。

日本シュタイナー幼児教育協会
〒230-0075
神奈川県横浜市鶴見区上の宮1-7-24
fax 045-584-0283
info@jaswece.org
http://jaswece.org
（事務局には係が常駐していませんので、faxまたはメールにてご連絡ください）

広島県

学校法人 福山基督教学園
延広幼稚園

〒720-0056 福山市本町1-6
tel 084-923-0094 fax 084-923-0047
（telでのお問い合せは平日8:30〜16:30に）
http://nobuhiro.ed.jp
●安全・快適で家庭的な雰囲気の中、子どもたちがあそびを通して自我を確立していけるようにこころがけています。【私立】

長崎県

学校法人 平松学園
潮見幼稚園

〒857-0834 佐世保市潮見町20-33
tel 0956-31-4588 fax 0956-31-4593
www.shiomi-kinder.jp
●オイリュトミー、水彩、蜜ろう粘土などを取り入れています。また、安全でおいしい給食、茶摘み、田植え、稲刈り、いも掘り、野菜づくり、味噌づくりなどの体験も重視。父母の会の自主的なサークル活動なども活発に行われています。【私立】

福岡県

フェリーチェ

〒804-0021 北九州市戸畑区
一枝1-2-25-107
tel・fax 093-883-1733
携帯070-1943-2200
felicesmile@kje.biglobe.ne.jp
www.felicesmile.com
●学童・保育・親なびクラスの３本柱をもつ「生活芸術空間・ホームスイートホーム」……そんな子どもの居場所づくりをわたしたちは目指しています。大人が「丁寧に暮らす」背中を見せることで、子どもの未来を支える「生きる力」や「人生を展開させる力」になれることを願い、一人ひとりの「個」に応じたていねいな導きをこころがけています。【認可外】

※募集状況や見学日については、各園へ事前にお問い合せください。
※本リストは［月刊クーヨン］2011年10月号掲載のものに、新たな情報を加えたものです。すべてのシュタイナー園ではありません。

●ひとつの個として生まれてきた一人ひとり。その子たちのこの世での役割を担っていく土台をつくる幼児期を、シュタイナーの理念にもとづいて大切に育んでいこうと努力しています。15名までの縦割り保育で、家族のような園です。【無認可】【NPO法人】
＊今後、園の名称が変わる可能性がございます。また現在の園舎は、道路建設計画により2017年までに移転の予定です。最新情報はホームページにてご確認ください。

三重県

一般社団法人 こども園まきば

〒518-0755 名張市緑ヶ丘中1
tel・fax 0595-61-2688
makiba@nava21.ne.jp
www.kodomoen-makiba.com
●自然に恵まれた環境の中、花摘み、虫採りなど自然とのふれあいを充分にたのしめる園。【認可外】

山口県

メルヘンこども園

〒755-0151 宇部市西岐波下
片倉329-10
tel・fax 0836-51-9802
meruhen@kodomoen.sakura.ne.jp
http://kodomoen.sakura.ne.jp
●シュタイナー建築のちいさなかわいい園舎。自然に囲まれた環境で豊かな感覚を育みます。大人のあたたかい「覆い」と呼吸するようなリズムの中で子どもたちはのびのびあそび育ちます。子どもとともに親も育っていきたいという思いで自主運営しています。【任意団体】

NPO法人 光けんじのがっこう
幼児部 おひさま園

〒743-0063 光市島田2丁目4-10
tel・fax 0833-72-1885
hikari-kenji@giga.ocn.ne.jp
www5.ocn.ne.jp/~kenzi/hikari.htm
●川・海・山と豊かな自然に恵まれた環境。四季を通じての散歩を毎日たのしんでいます。昼食は地元で採れた食材を中心に愛情込めて手づくりしています。家庭のようなあたたかい雰囲気の中で、一人ひとりの個性を大切に育てます。【NPO法人（幼児部）】

子どものカをのばす

モンテッソーリ園

モンテッソーリ教育を取り入れている保育園、幼稚園、団体をご紹介します。

●……園からのコメント　【区分】……園・団体からの情報をもとに区分しています

北海道

森の幼稚園

〒005-0849 札幌市南区石山1132-1
tel 011-591-8254 fax 011-591-8259
●豊かな自然環境の中、「自分の力で考え、行動できる子どもを育てる」ことを目標に、モンテッソーリ教育や戸外活動など、5つの重点教育活動に沿って教育を行っています。
【私立】

学校法人 藤学園 藤幼稚園

〒001-0016 札幌市北区北16条西3丁目
tel 011-747-0301
http://fujiyou.sakura.ne.jp
●キリスト教の精神にもとづいて、よりよい環境との関わりの中で、主体的に生活し、自由を正しく使い、自律心と責任感に富む豊かな人間の育成に力を入れます。【私立】

学校法人 北海道カトリック学園 広島天使幼稚園

〒061-1121 北広島市中央4-5-2
tel 011-373-2648 fax 011-373-2685
www.hiroshimatenshi.jp
●モンテッソーリ教育を通して、お子さんの「やってみたい！」という興味から「できた！」というよろこびへとつなげます。お子さんにも、ご家族の皆さまにも、いつも安心としあわせを感じていただける幼稚園づくりに努めています。【私立（施設給付型）】

学校法人 柏陵学園 ひぶな幼稚園

〒085-0824 釧路市柏木町11-1
tel 0154-41-7418 fax 0154-41-7450
hibuna@chive.ocn.ne.jp
http://hibuna.web.fc2.com
●1972年に教育導入。外あそびも充実。2歳児保育あり。「自立していて、有能で、責任感と他人への思いやりがあり、生涯学び続ける姿勢をもった人間に育てる」ことを目的に取り組んでいます。【私立】

岩手県

社会福祉法人 プレイズザロード ハレルヤ保育園

〒020-0173 滝沢市葉の木沢山555-5
tel・fax 019-688-6773
www.hareruya-hoikuen.com
●小児科と連携しています。病児保育室隣接。【認可】

宮城県

学校法人 聖公会青葉学園 聖クリストファ幼稚園

〒981-0905 仙台市青葉区小松島3-1-77
tel・fax 022-234-5719
christopher@jcom.home.ne.jp
http://st-christopher.jp
●木のぬくもりある園舎でこころをつなぎ、親も子も教師も、ともに育ち合います。一人ひとりを大切にし、神とひととに愛されるよろこびを伝える保育を目指しております。
【認可】【私立】

山形県

蔵王めぐみ幼稚園

〒990-2334 山形市蔵王成沢45-1
tel 023-688-2305 fax 023-688-2082
megumi00@violin.ocn.ne.jp
http://zaomegumi.com
●聖書が土台。自然が豊か。家庭的愛情と基本的信頼感の育成を大切にしています。
【私立（施設型給付）】

福島県

社会福祉法人 聖母愛真会 こじか「子どもの家」発達支援センター

〒960-8163 福島市方木田字赤沢19-1
tel 024-544-7135 fax 024-544-7136
http://kojikakodomonoie.jp
●就学前の発達障害児・リスク児の発達支援。【認可】

茨城県

社会福祉法人 こころの種福祉会 つくばトッポンチーノ保育園

〒305-0018 つくば市金田185-1
tel 029-893-4839 fax 029-893-4838
tmonte@nifty.com
www.topponcino-monte.com
http://blogs.yahoo.co.jp/tsukubamonte
（facebookページもあり）
●25年にわたる「つくばモンテッソーリ子どもの家」の歩みにさらなる「モンテッソーリの心の種まき」を実現すべく、当園は2015年4月、社会福祉法人こころの種福祉会を母体とする「つくばトッポンチーノ保育園」として新たなスタートをきりました。田園風景を背景に子どもたちとのびやかにモンテッソーリ教育を実践しています。笑顔の日々の中で、円満な人格形成と、未来を担う頼もしい知性の発達を応援しています。ご多忙なご両親のおこころとともに子ども

学校法人 みんなのひろば
ふじようちえん

〒190-0032 立川市上砂町2-7-1
tel 042-536-4413 fax 042-536-6815
http://fujikids.jp
●屋根上空間も話題。豊富な保育プログラム。"Nostalgic Future"＝懐かしい未来が子どもを育てる！【私立】

学校法人 みんなのひろば
保育室スマイルエッグス

〒190-0032 立川市上砂町4-52-1
tel 042-538-7666 fax 042-538-7667
●0〜2歳児対象。学校法人が運営する保育園。0歳児からモンテッソーリ教育に取り組んでいます。【東京都認証保育所】

聖アンナこどもの家

〒194-0037 町田市木曽西5-38-7
tel・fax 042-792-3825
(telでのお問い合せは15:00以降に)
info@sei-anna.com
(3日以内に返信のない場合は、届いていない可能性がありますので、telでお問い合せください)
www.sei-anna.com
●未就園児・体験クラスあり。随時見学・入園可。【認可外】

神奈川県

梶山モンテッソーリスクール

〒230-0072 横浜市鶴見区
梶山2-6-12
tel 045-583-4620 fax 045-574-2286
(telでのお問い合せは平日9:00〜17:00に)
info@montessori.jp
http://montessori.jp
●静かな環境にあるゆったりとした子どもの家。モンテッソーリ教育を親子で体験できるクラスがあります。詳細はホームページをご覧ください。【認可外】

モンテッソーリすみれが丘子供の家

〒224-0013 横浜市都筑区
すみれが丘42-10
tel・fax 045-591-4688
(telでのお問い合せは15:00以降に)
www.monte-tokyo.com
●少人数制できめ細やかな保育を行っています。子どもたちがきょうだいのように生活しています。【認可外】

tel・fax 048-756-0427
http://keisen-y.jp
●"わたし"の居場所で"わたし"が暮らし"わたし"を創る。子どもが自分らしくいきいきと生活する中で、しっかりと「わたし創り」をするためのお手伝いをします。自然体でのびのびと、そして、たくましい"わたし"に……。【学校法人】

東京都

モンテッソーリ原宿子供の家

〒150-0001 渋谷区神宮前6-18-2
グランドマンション202
tel・fax 03-3499-5440
(telでのお問い合せは15:00以降に)
http://monte-tokyo.com
●「モンテッソーリ子供の家」として37年の実績。観察記録や写真通信で、保護者に情報をお伝えします。少人数制できめ細やかな保育を行っています。子どもたちがきょうだいのように生活しています。【認可外】

モンテッソーリ久我山こどもの家

〒168-0082 杉並区久我山4-18-7
久我山エコマンション105号室
tel・fax 03-6413-6183
info@kugayamakodomo.com
www.kugayamakodomo.com
●家庭的な雰囲気の中で、子どもたちが自分で考えて学ぶことができるこどもの家です。【幼児教室】

学校法人 聖フランシスコ学園
みょうじょう幼稚園

〒154-0024 世田谷区三軒茶屋
2-51-32
tel 03-3422-3189 fax 03-3418-7440
myojo@kids.email.ne.jp
www.myojo.ed.jp
●活動によって横割りも。教師全員が有資格者。【私立】

学校法人 天野学園 愛珠幼稚園

〒156-0052 世田谷区経堂1-1-14
tel 03-3429-7575 fax 03-3425-3030
www.ans.co.jp/k/aijyu
●1934年設立。モンテッソーリ教育を導入して40年以上経過。少人数できめ細やかな教育を行っています。【学校法人】

たちの力強い自立を支える現場です。【認可】

群馬県

社会福祉法人 岳雄会
エデュカーレ城之内

〒370-0081 高崎市浜川町249-3
tel 027-343-1676 fax 027-343-3660
http://jyonouchi.jp
●0歳からのモンテッソーリ教育で、「生きる力」「豊かな心」を育みます。【認定こども園(幼保連携型)】

千葉県

社会福祉法人 恵泉福祉会 認定こども園 吉見光の子モンテッソーリ子どもの家

〒285-0834 佐倉市吉見193-1
tel 043-309-8372 fax 043-460-8373
yoshimi@hikarinoko.ed.jp
www.yoshimi-hikarinoko.ed.jp
●園庭とオーガニック菜園も充実。自園調理(パンやおやつ等もすべて手づくり)での給食を提供(お米、野菜、肉、魚等だけでなく、調味料等すべて安心安全な100%オーガニック食材)。2歳児プレスクールあり。里山の雰囲気を残した自然豊かな環境は「ほたるの里」とも呼ばれ、近くに小川が流れ、静かな自然の懐に抱かれ、子どもたちが豊かに成長を育む場となっております。モンテッソーリ教育が日常や行事の中に生かされ、運動会や誕生日会も年長児を中心に子どもたちが考えて進行しています。卒園生も加わりお手伝いしています。【認定子ども園】

学校法人 マリア学院
市原マリア・インマクラダ幼稚園

〒290-0004 市原市辰巳台西3-11-3
tel 0436-74-3631 fax 0436-74-3644
http://maria-ichihara.jp
●カトリックとモンテッソーリのよい交わり。まずは実際に子どもたちのようすを見にいらしてください。【私立】

埼玉県

学校法人 岩槻町田学園 恵泉幼稚園

〒339-0054 さいたま市岩槻区
仲町1-12-10

← 引き続き、モンテッソーリ園のご紹介です。

実施。0〜2歳児のママと一緒のサークル活動が大人気で、多くの方に来園いただいています。【学校法人】

学校法人 山崎学園 聖母幼稚園

〒394-0025 岡谷市大栄町2-3-26
tel・fax 0266-22-5090
seibo@yamazaki-gakuen.ac.jp
www.yamazaki-gakuen.ac.jp/seibo.htm
●食育充実。夕方、春休み、夏休みの預かり保育も実施。思いやりのこころを育てるために、職員一人ひとりがこころの通ったあたたかい教育をこころがけています。【学校法人】

静岡県

伊東聖母幼稚園

〒414-0013 伊東市桜木町1-7-2
tel 0557-37-6099 fax 0557-38-5774
www.itoseibo.org
●幼児すべての生活にモンテッソーリ教育を活かしています。2歳児のモンテッソーリクラスの子どもたちは、満3歳になった時点で幼稚園に入園可。預かり保育も行っているので共働きのご家庭でも安心です。【私立】

三重県

学校法人 聖華学園 マリア・モンテッソーリ幼稚園

〒511-0864 桑名市西方笹山787
tel 0594-23-1999 fax 0594-23-1990
www.maria.ac.jp
●「ひとりでできるよう手伝って」をモットーに。見学会・説明会の日程はホームページで確認するか、園までお問い合せください。【私立】
＊2017年度より【認定子ども園(幼稚園型)】に移行予定

滋賀県

学校法人 滋賀カトリック学園 聖母幼稚園

〒520-0802 大津市馬場2-6-62
tel 077-523-0480 fax 077-500-7749
http://seiboyouchien.jp
●いたわりと尊敬のうちに学び合う保育。【私立】

石川県

社会福祉法人 聖霊病院 聖霊保育所

〒920-0865 金沢市長町1-5-30
tel・fax 076-263-5906
www.kosodate-web.com/seirei-ns
●「輝くいのち・愛するこころ」を大切にしています。子どもたちの自立をあたたかく見守り、一人ひとりに芽生えようとしている個性をきらめかせながら、自分もひとも大切にし、ひとびととともに生きる子ども、神とひとに対して尊敬と愛を尽くすことができる人間に育ってほしいと願っています。【認可】【私立】
＊2017年4月1日より【認定子ども園(幼保連携型)】に移行予定

山梨県

社会福祉法人 友愛福祉会 友愛保育園

〒400-0822 甲府市里吉4-8-25
tel 055-235-1015 fax 055-235-1014
yuuai@kofu.hoikuen.mia.ne.jp
www.kofu.hoikuen.mia.ne.jp/he/yuuai
●あそび中心の保育。生後2ヶ月から受け入れ。一部モンテッソーリ教育を導入。いろいろな体験を通して自己を高め、チャレンジ精神を培う。砂場の隣に湧水場があり、緑に囲まれた園庭で、木製アスレチック、ジャングルジムのほか、FRP(繊維強化プラスチック)遊具も豊富。【認可】【私立】

学校法人 峡南学園 峡南幼稚園

〒400-0501 南巨摩郡富士川町青柳町160
tel 0556-22-0604 fax 0556-22-0795
http://kyonan.ed.jp
●1932年開園。豊かな個の育成。子育て支援も。2歳児クラスを実施しています。【私立】

長野県

学校法人 山崎学園 ヤコブ幼稚園

〒394-0000 岡谷市上の原262-2
tel 0266-22-2618 fax 0266-22-2638
yakobu@yamazaki-gakuen.ac.jp
www.yamazaki-gakuen.ac.jp/yacobu.htm
●母親向けモンテ勉強会・乳幼児クラスも

社会福祉法人 ムクドリ福祉会 むくどり風の丘保育園

〒252-0134 相模原市緑区下九沢1558-14
tel 042-760-1122 fax 042-760-1133
info@kazenooka.ed.jp
www.kazenooka.ed.jp
●風通しのよい木造平屋建ての園舎、築山を囲み、さまざまな草木が茂る野原のような園庭。モンテッソーリ教育をベースに、一人ひとりの個性や主体性を大切にした保育を目指しています。園庭開放・育児講座・交流イベント・保育園ドゥーラ(妊産婦支援)等の子育て支援も行っています。お気軽にお問い合せください。【認可】【私立】

新潟県

社会福祉法人 平和の園 亀田平和の園保育園

〒950-0164 新潟市江南区亀田本町2-3-20
tel 025-381-2051 fax 025-381-8425
heiwa@uno.xcon.ne.jp
www.ans.co.jp/n/heiwanosono
●3歳・4歳・5歳の子がひとつのクラスの中で生活しています。ちいさいひとにとっては先が見える、大きいひとにとってはやさしさを自然に発揮できる生活です。毎日の生活も自分で考え決めることができます。また行事も子どもが考えます。【認可】【私立】

富山県

社会福祉法人 小杉福祉会 あいあい保育園

〒939-0364 射水市南太閤山3-2-1
tel 0766-56-4141 fax 0766-56-4142
aiai-sono@po10.canet.ne.jp
http://kosugifukushikai.jp/?page_id=59
●「三つ子の魂、百までも」のことばのように、乳幼児期は人間としての基礎ができる大切な時期です。子ども自らが育とうとする力を援助し、一人ひとりの子どもがその子らしく、こころ豊かに育つことを願い、家庭と補い合って最善を尽くし保育します。年齢縦割りクラス編成をし、暮らし方そのものを保育の重要な内容として、基本的生活習慣の自立・思いやり・助け合いのこころ、共同生活の秩序を子ども主体の生活の中で育つよう援助しています。【認可】【私立】

高知県

学校法人 暁の星学園
高知聖母幼稚園

〒769-2302 高知市本町5-6-29
tel・fax 088-872-3662
info@kochiseibo.jp
www.kochiseibo.jp
●あたたかな縦割りクラスの中で、子ども同士こころ豊かに生活しています。戸外ではのびのびと活発に、室内においては知的好奇心をもち、落ち着いてよく考え、ものごとに取り組む力を育てます。【私立】

福岡県

カトリック光丘幼稚園

〒812-0874 福岡市博多区光丘町2-1-25
tel 092-573-2231 fax 092-573-8130
info@c-hikarigaoka.ed.jp
www.c-hikarigaoka.ed.jp
●つながりの教育。園庭にビオトープがあります。【認可】【私立】

学校法人 福岡カトリック学園
大濠聖母幼稚園

〒810-0052 福岡市中央区大濠1-7-16
tel 092-751-5688 fax 092-725-0773
http://oohori-80.sakura.ne.jp
●子育ての難しい時代になりました。お子さまの成長をたのしみに、あせらず、よろこびをもってご一緒に歩みましょう。【私立】

社会福祉法人 望会 和光保育園

〒819-0054 福岡市西区上山門1-22-1
tel 092-881-4858 fax 092-881-2091
n-fukuoka@wakoh.ed.jp
www.wakoh.ed.jp
●モンテッソーリの言われる教師像や子ども観などは大切にしていますが、いま、当園は、「立腰教育」(いつも腰骨を立てて曲げないようにすることで、主体性の確立をはじめとした人間形成を実現する教育)を軸にした保育を展開しています。モンテッソーリ教育と立腰教育、文化の違いはあれども通ずるものもあります。整えられた環境の中で、何ごとにも強い意志をもって取り組む子ども、主体的に考え活動する子どもを育てていきたいと思っています。【社会福祉法人】

岡山県

ノートルダム清心女子大学
附属幼稚園

〒700-8516 岡山市北区伊福町2-16-9
tel 086-253-4780 fax 086-256-2275
cuvilly@ndsu-k.ed.jp
www.ndsu-k.ed.jp
●1971年よりモンテッソーリ教育導入。宗教とこころの教育とモンテッソーリ教育を柱に。未就園児対象「すずらんぐみ」は月1回。詳細はホームページの「園児募集」欄を参照してください。【私立】

山口県

社会福祉法人 下関みらい
小月保育園

〒750-1144 下関市小月茶屋2-9-1
tel 083-283-0085 fax 083-282-1162
www.ozuki.com/ozukihoikuen
●「ともに生きる力」を養う保育を目指して。モンテッソーリ教育の神髄でもある子ども自らがもっている「自己成長力」を引き出す保育を目指しています。【社会福祉法人】

徳島県

学校法人 暁の星学園
阿南聖母幼稚園

〒774-0030 阿南市富岡町あ石 19-1
tel 0884-23-1951 fax 0884-23-1956
ananseibo@cello.ocn.ne.jp
http://little-stars.sakura.tv
●年齢混合の縦割りクラスで、子どもを中心に保育し、一人ひとりの発達段階に応じて子どもを援助していきます。自立できるよう手伝っています。【認可】【私立】

香川県

学校法人 聖母学園
長尾聖母幼稚園

〒804-0021 さぬき市長尾西681
tel・fax 0879-52-2294
seibo-na@shikoku.ne.jp
www.kagawa-edu.jp/kayoua01/y-n_seibo.htm
●自然に囲まれた環境で豊かな人格形成を。少人数ならではの、体験を通して学ぶ保育。【私立】

京都府

深草こどもの家

〒612-0817 京都市伏見区
深草向ヶ原町17
tel 075-641-8410 fax 075-642-8588
mc.kyoto@theia.ocn.ne.jp
www.fukakusakodomonoie.com
●豊かな自然と多様な子どもの活動から学び、自分で考え、自分で選ぶ生活ができるよう援助します。【認可外】

社会福祉法人 くすのき福祉会
くすのき保育園

〒615-8036 京都市西京区
下津林南大般若町16
tel 075-392-8507 fax 075-381-7391
n-kusuno@d9.dion.ne.jp
●子どもへの配慮に富んだ豊富なアプローチ。【認可】

大阪府

社会福祉法人 秀幸福祉会
認定こども園 ちとせ學院

〒567-0806 茨木市庄2-7-35
tel 072-626-2191 fax 072-626-2192
m-chito@basil.ocn.ne.jp
http://m1chitose.ec-net.jp
●0〜6、6〜12歳(エレメンタリー放課後児童健全育成事業)の、モンテッソーリ国際免許有資格者による確かな実践。2・3号認定の方は、市役所にて申し込み受付。1号認定の方と、1〜2歳のプレスクール(一時預かり事業)の方は、直接受付します。【認定こども園】【私立】

奈良県

学校法人 奈良カトリック学園
奈良カトリック幼稚園

〒630-8213 奈良市登大路町36-1
tel 0742-22-4089 fax 0742-26-3261
www.naracatholic-youchien.jp
●1965年にモンテッソーリ教育導入。カトリックのおしえにもとづき、自分と他人を大切にするこころの教育と、モンテッソーリ教育による縦割り保育の中で、一人ひとりの個性を大切にし、子どもが自主的に活動できるようこころを配り、自立できるよう援助します。【私立】

←引き続き、モンテッソーリ園のご紹介です。

沖縄県

学校法人 カトリック学園 愛児幼稚園

〒900-0022 那覇市樋川1-13-10
tel 098-834-2731 fax 098-853-9731
http://aijiyouchien.com
●カトリック学園として、キリスト教の精神にもとづき、一人ひとりを大切にし、豊かな人格形成を目指しています。モンテッソーリ教育を取り入れ、3歳・4歳・5歳の縦割りクラスを基本に、一人ひとりの発達段階に合わせた援助で、子どもたちの自立を助けています。【学校法人】【私立】

※募集状況や見学日については、各園へ事前にお問い合せください。
※本リストは[月刊クーヨン]2011年10月号掲載のものに、新たな情報を加えたものです。すべてのモンテッソーリ園ではありません。

※お近くのモンテッソーリ園をお探しの際は下記各協会へお尋ねください。

日本モンテッソーリ協会
〒112-0002 東京都文京区小石川2-17-41 富坂キリスト教センター2号館内
tel・fax 03-3814-8308
www.montessori-jp.org
＊原則は水曜在室。詳しくはホームページをご覧ください。

東京国際モンテッソーリ
教師トレーニングセンター
〒252-0301 神奈川県相模原市南区鵜野森2-20-2
tel 042-746-7933 fax 042-741-9495
ami_tokyojp@ybb.ne.jp
www.geocities.jp/ami_tokyojp

社会福祉法人 菫ヶ丘子供の家 菫ヶ丘幼児園

〒857-1152 佐世保市黒髪町2-10
tel・fax 0956-31-6783
www.h3.dion.ne.jp/~sodatiai
●木登りのできる園庭。生後1ヶ月から受け入れ。0〜2歳まで3クラス。3〜5歳縦割り3クラスの計6クラス。保育士・幼稚園教諭・モンテッソーリ教師などの有資格者が多数います。【認可】【私立】

社会福祉法人 佐世保愛育会 藤原幼児園

〒857-0832 佐世保市藤原町40-8
tel 0956-31-4096 fax 0956-31-4409
otayori@fujiwarayoujien.net
http://fujiwarayoujien.net
●育ちに必要な価値ある環境の中で、自分で選び、自分で決め、考えながら、自分自身のこころと身体を存分に使って生活しています。【認可】【私立】

宮崎県

社会福祉法人 安養福祉会 光寿保育園

〒882-1412 西臼杵郡高千穂町大字下野699-4
tel 0982-77-1202 fax 0982-77-1244
http://kojyu-hoikuen.jp
●山々の濃い緑の中にポツリとあるちいさな子どもの家。身近な自然が生活に息づく園です。0歳から手作業、4歳で刺しゅうやはた織り、環境を利用してネイチャーゲームに精を出します。【認可】【私立】

社会福祉法人 香楠会 エミール保育園

〒814-0033 福岡市早良区有田8-14-22
tel 092-801-1911 fax 092-801-1944
info@emile-edu.jp
www.emile-edu.jp
●①「思いやりのある、豊かな社会性を育てるために」②「健康なからだをつくるために」③「豊かな心の成長と知性を養うために」を目標に、それぞれの発達に応じた環境を整え、子どものもつ可能性が最大限に開花できるよう援助したいと考えています。【認可】【私立】

社会福祉法人 睦美会 名島保育園

〒813-0044 福岡市東区千早2-3-26
tel 092-682-2720 fax 092-682-2734
info@hoikuen.com
www.hoikuen.com
●モンテッソーリ教育とマクロビオティックを二大柱にして保育を行う。給食にも玄米菜食を取り入れています。【認可】【私立】

社会福祉法人 博多福祉事業館 博多保育園

〒813-0041 福岡市東区水谷1-8-11
tel 092-681-3650 fax 092-405-3005
http://hakatahoikuen.net
●保護者の保育参加や育児講座を行っています。【社会福祉法人】

学校法人 福岡カトリック学園 聖母幼稚園

〒830-0031 久留米市六ッ門町22-43
tel 0942-32-0832 fax 0942-32-3728
seibo@kumin.ne.jp
www.kumin.ne.jp/seibo
●縦割り保育の中で、子どもたちがお互いに助け合い、その絆を大切にします。【私立】

長崎県

学校法人 聖フランシスコ学園 聖アントニオ幼稚園

〒852-8123 長崎市三原2-23-9
tel・fax 095-845-0021
st.antonio@helen.ocn.ne.jp
http://antonio.webcrow.jp/public_html
●園内の畑では、種まきから収穫までを行い、豊かな自然に囲まれた中で四季の変化を感じながら過ごしています。【私立】

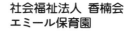

自然の力をいただく、野外保育

森のようちえん・自主保育グループ

森で過ごす時間をたっぷりとって、自然とともに育つ保育を行う「森のようちえん」。

また、都市でも屋外あそびを中心に活動する「自主保育グループ」。

各地の活動をご紹介します。(◆印は「森のようちえん全国ネットワーク」加盟団体です)
●……園・団体からのコメント 【区分】……園・団体からの情報をもとに区分しています(自主保育はなし)

かいじゅうたちのいる庭 ゴンゴン◆

〒300-1248 つくば市若栗1283-14
tel・fax 029-876-6303
(日中は保育のためtelに出られません。faxまたは留守番電話で、電話番号とお名前を入れてくだされば折り返します)
yayoi.march.0311@docomo.ne.jp(上林)
http://gongonkaijyu.blogspot.jp
●ザリガニ、メダカ、蝶、トンボ。池や森、庭での泥んこ環境で活動。いっぱいの絵本に造形、描画、童歌も。3～6歳、20人の小規模保育。"名のないあそび"が大切な自由保育。【認可外】

自主保育 コロボックル

つくば市内
tel 029-857-7949(五十嵐)
(お問い合せは15:00以降に)
www010.upp.so-net.ne.jp/corobokl
●約2歳～就学前の子どもたちの野外、自然あそび。専従保育者3名が父母と協力し自然の中で、そこにあるもの、空間を使って自然発生したあそびを大切にします。【任意団体】(将来的に法人化を検討)

公益財団法人 さっぽろ青少年女性活動協会 たきの森のようちえん◆

〒005-0862 札幌市南区滝野106
tel 011-591-8780 fax 011-591-9401
camp@syaa.jp
http://www.syaa.jp/takino
＊活動は5月～2月(月に2～4回)／10:00～14:00(要事前申し込み。詳細はホームページをご確認ください)
●2歳からの未就学児とその保護者対象。各回ごとにテーマを設けて森のお散歩、テーマ活動のほか、季節の移ろいと子どもたちのペースに合わせゆったりと実施しています。【自然体験活動団体／社会教育施設】

茨城県

北海道

森のようちえん 「森のたね」「ちいたね」

〒071-0706 空知郡中富良野町西2線北19号 寺岡方
tel 090-1649-0888(寺岡)
fax 0167-39-3505
morinotane.nakafurano@gmail.com
http://morinotane.jugem.jp
(facebookページもあり)
＊活動は、「森のたね」月・水・金・土／9:30～16:00、「ちいたね」金／9:30～11:00、14:30～16:00
●毎週月・水・土曜日は中富良野町北星山森林公園、毎週金曜日はNPO法人富良野自然塾フィールドを中心に、専属スタッフと保護者の当番スタッフとで月謝制による野外自主保育を行っています。その他にも森のようちえん体験活動として、毎週金曜日に親子参加型の森のようちえん「ちいたね」活動を実施。富良野市近郊に住む0歳から小学校入学前までの子どもたちを中心に参加。

← 引き続き、森のようちえん・自主保育のご紹介です。

がら、子どもの心身がより豊かに成長できるようにしています。未就園児クラスについては12月に説明会、募集を行っています。【認可】【私立】【学校法人】

NPO法人 国際自然大学校 ノッツ森のようちえん ～のあそびくらぶ～◆

〒201-0004 狛江市岩戸北4-17-11
tel 03-3489-6320 fax 03-3489-6921
kohirui@nots.gr.jp
www.nots.gr.jp/program/noasobi-club
＊活動は下記の通り
のあそびくらぶおさんぽ…水(不定期)／10:00～12:00、のあそびくらぶすいようび…水(不定期)／14:30～16:30、のあそびくらぶ1DAY…土(月1回)／10:00～16:00、のあそびくらぶえんそく…秋以降／10:00～16:00、のあそびくらぶお泊り会…夏・春(年2回程度)
●人格形成にとってもっとも大切な時期である「幼児期」にやっておくべき大切なことは、「自然環境の中で"たくさん遊び""多くのひとと関わり""様々なことを感じる"」ことをどれだけ多く"体験するか"です。"見て・聞いて・触れて・感じる"直接体験を、「のあそびくらぶ」ではあそびを通して行います。【イベント型森のようちえん(幼児向け自然体験プログラム)】

自主保育 駒沢おひさま会

世田谷区・駒沢公園ほか
komazawaohisama@outlook.com
http://park.geocities.jp/komazawa_ohisama
＊活動は、月・火・木・金／9:30～14:30
●親同士が助け合いながら、四季を通して駒沢公園を中心とした屋外で保育しています。

あおぞら自主保育 狛江おひさまの会

和泉多摩川河川敷、近隣のプレーパークほか
komae.ohisama@gmail.com
http://blog.goo.ne.jp/komaeohisama
＊活動日は毎年、会員同士の話し合いによって決定(例:月・火・木・金／9:30～13:30)
●子どもは自然の中で自由にあそび、けんかをしながらきょうだいのように育ちます。大人はそれを見守りながら、お互いをよき仲間として家族のように助け合って運営しています。

～13:00、年少～年長…月～金 9:30～14:00
●屋外の自由あそびや、子どもの中からあそびがあふれてくる環境を大切にし、「自分でできる」よう見守る姿勢で臨んでいます。運営はすべてのメンバーで話し合って活動を進めています。

自主保育 野毛風の子

おもに多摩川土手
nogekazenoko@gmail.com
www.facebook.com/nogekazenoko (facebook)
＊活動は火～金／9:30～14:00
●0歳～就学前までの子。自然の中でのびのびとあそび、自分の気持ちから動き出すのをゆっくり見守りながら、子どもたちの育ちの場をつくっています。

自主保育 てんとう虫

世田谷公園内プレーパーク
tel 090-4625-9147(今野)
(お問い合せは10:00～18:00に)
jishuhoiku.1010mushi@gmail.com
http://ameblo.jp/jishuhoiku-tentomushi
＊活動は、0～3歳…水・金、3歳以上…火(遠足)・水・金／9:30～13:30
●0歳～就学前まで、夏は水合戦など季節を取り入れたあそび中心の活動。田植えや稲刈りにも行きます。月会費500～2000円。代表者がいないので皆で助け合って運営しています。

自主ようちえん ひろば

世田谷区代田4-38-52 羽根木公園内
羽根木プレーパーク
tel 03-3324-9284
(羽根木公園内・羽根木プレーパーク／火曜休園)
hiroba.hanegi@gmail.com
●まだちいさい間は親子参加。大きくなってきたら母親と保育者で当番を組み、預け合いをします。プレーパークを拠点として、自然の中でのびのびと自主保育活動をしています。いつでもお問い合せください。

学校法人 東京内野学園 東京ゆりかご幼稚園◆

〒192-0919 八王子市七国3-50-2
tel 042-632-8188 fax 042-632-8189
hp@tokyo-yurikago.ed.jp
http://tokyo-yurikago.ed.jp
●日常(園)と非日常(森・里山)を行き来しながら運営しています。

千葉県

一般社団法人 森のようちえん はっぴー◆

〒294-0824 千葉県南房総市下堀400-2
info@morihappy.org
http://morihappy.org
＊活動は3・4歳…月～木／5歳…月～金
●南房総の自然の中で、野外幼児教育を行っています。おもな活動場所は、大房岬自然公園です。子どもがもっている感覚や感性を大切にするとともに、子ども同士の関わりの時間を大切にしています。【野外幼児教育団体】

埼玉県

NPO法人 花の森こども園◆

〒369-1412 秩父郡皆野町皆野4048-1
ムクゲ公園内
tel・fax 0494-62-4545
(telでのお問い合せは平日10:00～16:00に)
hananomorikodomoen@gmail.com
www.hananomori.org
(facebookページもあり)
●2歳児～就学前まで「いろんな命の共生」を理念として仲間とともに自然界のあらゆるものの恩恵を感じながらあそび尽くしています。【NPO法人】

東京都

学校法人 江北白百合学園 江北白百合幼稚園◆

〒123-0872 足立区江北6-1-5
tel 03-3898-4055 fax 03-3898-4057
smz@shira-yuri.com
www.shira-yuri.com
＊活動は月1回、鹿沼市の山荘で実施
●在園児とその家族が参加できます。ヤマメの放流、飯ごう炊飯、ジャガイモ掘り、キャンプ、ハイキング、稲刈り、サトイモ掘り、餅つきなど。【学校法人】【私立】

自主保育 原宿おひさまの会

渋谷区及びその周辺
http://ohisamanokai.blog119.fc2.com
＊活動は、0歳～年少未満…月～金／9:30

●区切られない時間を身近な自然で0〜6歳の仲間たちと過ごし、探究心と芯のある子を育てます。また、年少〜年長児は、親の交代制による預け合い保育。親以外に信頼できる大人ができるチャンスです。

自主保育 B.Bだん

川崎市宮前区 宮崎第四公園・有馬ふるさと公園ほか
tel 070-5582-7832（大西）
●親が交代で保育するかたちで、あかちゃんから小学校入学までの子どもたちがあそび育つ場をつくり、子育てを支え合っています。月・水・金に見学できます。事前にご連絡くださいね。

自主保育 いちにのさん

川崎市宮前区
1.2.3.jisyuhoiku@gmail.com
●0〜6歳までを対象とし、年齢に応じて週2〜5日活動しています。毎日のミーティングでその日のできごとや感じたことを話し合い、会の運営やイベントは月2回の定例ミーティングにて皆で決めています。母同士のコミュニケーションを大切にしながら活動していますので、ご興味のある方はお気軽にお問い合せください。

自主保育 こめっこ

川崎市麻生区や稲城市の公園
comecco_park@yahoo.co.jp
http://ameblo.jp/comesato
●リュックにお弁当と着替えをどっさりつめこんで、とことんあそぶ毎日です。どろんこあそびだって、水あそびだって、やりたいことをいっぱいしよう！

新潟県

NPO法人 緑とくらしの学校 森のようちえん「てくてく」◆

〒943-0897 上越市滝寺251
tel・fax 025-523-5166
（telでのお問い合せは平日9:00〜17:30に）
info@green-life-school.or.jp
www.green-life-school.or.jp
＊活動は、森のようちえん てくてく（通年型野外幼児教育）…月〜金（年間200日前後）、子育てひろば てくてく（未就園児親子の里山さんぽ）…週2日
●「子どもたちに大地を」「くらしを大地とともに」を合言葉に、乳幼児期の子どもの育ちをいます。【横浜市認定 横浜保育室】

NPO法人 もあなキッズ自然楽校◆ もあなこびとのこや

〒255-0003 中郡大磯町大磯1668 1F
tel 045-342-8389 fax 045-511-8222
info@moanakids.org
http://kobitonokoya.com
●2015年、紺碧の海に山の緑が映える美しい大磯町に開所しました。園庭はありませんが、大磯の海や自然、町全体が子どもたちのあそび場です。よほどの荒天でなければ、日中の大半は外で過ごします。園が入居するのは「ソーシャルビル」の1階。2階はシェアオフィス、3階にはオーガニックカフェがあり、給食はそのカフェに委託して、地域の有機野菜をふんだんに使ったメニューを提供しています。【認可（小規模保育施設）】

自主保育 ぽけっと

川崎市高津区
090-9831-1041（松本）
takatsu_poketto@yahoo.co.jp
http://blogs.yahoo.co.jp/takatsu_poketto
＊活動は、火〜金
●0〜6歳まで異年齢で、きょうだいのようにあそび、成長していきます。3歳を目安に、就学前までを当番制で預け合い。川崎市子ども夢パーク、河川敷、公園などで活動。運営詳細はミーティングにて決定。見学会あり。

たちばな自主保育のびのびーの

川崎市高津区の橘地区
jisyuhoiku@gmail.com
http://ameblo.jp/nobinobiino
＊活動日は平日4日
●大人も子どもも「やりたい」気持ちを大切に、一緒に成長できる場所を目指しています。ていねいに見守り、持ち味を生かして、背伸びしない活動・運営をしています。預け合いは3歳以上から。活動場所は、せせらぎのある公園、畑、プレーパークなど。毎週月曜日はオープンデーとして、出入り自由なあそびの場『外遊びの会むしとこ』と共同開催しています。

自主保育 まんまる

川崎市幸区
manmaru_jisyuhoiku@yahoo.co.jp
http://ameblo.jp/manmaru-jisyuhoiku
※活動は、年少以上…火〜金／9:30〜13:30、年少未満…週1or2回／10:00〜13:00

神奈川県

NPO法人 もあなキッズ自然楽校◆ 森のようちえん めーぷるキッズ

〒224-0003 横浜市都筑区中川中央1-39-37ガネーシャ101
tel 045-342-8389 fax 045-511-8222
info@moanakids.org
http://maplekids.jugem.jp
●自然豊かな横浜市都筑区の地域資源を活かして、晴れの日はもちろん、雨の日も雪の日も近隣の緑道や公園に出かけてあそびを深めます。雨ならではの景色や生きものとの出会いも子どもたちにとって大切な体験です。また、丹沢や鎌倉などへも足を延ばし、神奈川県内の山や海での広域的な体験活動も積極的に行っています。豊かな体験を大事にして、子どもたちの「生きる力」を育んでいます。【認可外】

NPO法人 もあなキッズ自然楽校◆ もあな保育園

〒224-0003 横浜市都筑区中川中央1-38-10ルモーデセンター北1F
tel 045-342-8389 fax 045-511-8222
info@moanakids.org
www.moana-nursery.com
●衣・食・住を大切に、子どもたちが健やかに育つための環境を整え保育を行っています。給食には雑穀米や発酵食品などを取り入れ、食育はもちろんのこと、木育にも力を入れています。子どもたちへの影響を考慮すると同時に、資源を有効に使えて森林維持につながるよう園の内装は栗駒高原の無垢杉材を使用し、木に親しむ空間づくりに配慮しています。2016年、ウッドスタート宣言園に認定されました。【横浜市認定 横浜保育室】

NPO法人 もあなキッズ自然楽校◆ めーぷる保育園

〒224-0003 横浜市都筑区中川中央1-39-11ライフ＆シニアハウス港北1F・2F
tel 045-342-8389 fax 045-511-8222
info@moanakids.org
www.maplecoco.com
●「みんなちがってみんないい」をコンセプトに、子ども一人ひとりの個性を大切に考え、自然の中でたくさんあそび、あそびの中から好奇心を育み、感受性や共生感の発達を促す保育を大切にしています。また、地域で開放している畑を借りて、土をいじり、作物に触れ、子どもたちが収穫した野菜を調理して食べるなど、「食」への関心も育てて

←引き続き、森のようちえん・自主保育のご紹介です。

森のようちえん
森のたんけんたい◆

春日井市近郊の自然の中
tel 090-9184-6692
morinotankentai@yahoo.co.jp（スタッフ小林）
http://plaza.rakuten.co.jp/morinotankentai
（facebookページもあり）
＊活動は、3〜5歳児…平日毎日、1〜2歳児…火・金
●自然の中の散歩や自由あそびが中心。歌、わらべうた、造形、畑の活動、野外炊事、劇あそびなど。スタッフが保育・運営。1〜2歳の親子クラス、土・日曜日の幼児・小学生対象の活動もあり。【任意団体】

大阪府

森の子教室◆

〒562-0025 箕面市粟生外院
2丁目434-1（帝釈寺内）
tel 06-6831-8681
yukainamorinoko@hotmail.com
http://morinoko-k.com
●本気で生きる！ 都会の自然をフルに生かし、森の空気を感じながらこころとこころのつながりを大切にした子ども主体の生活。情熱をもって子どもと向き合う、少人数・縦割りのちいさな手づくり幼稚園。【認可外】

共同自主保育
ジャングルようちえん

大阪市東住吉区の長居公園
jungleosaka@yahoo.co.jp
www.geocities.jp/jungleosaka
＊活動は月・火・木・金／10:00〜14:30
●1987年の発足以来、おかあちゃんたちが手から手へ受け継いできた手づくり幼稚園。園舎、代表者、先生、カリキュラムはなく、当番（親）が見守る中、子どもたちは自分のたのしみを自ら見い出し、思い思いに過ごす。道具のない場所での外あそびが基本。その他月1回の遠足・山登り・畑作業ほか、季節行事も。対象年齢0歳から就学前。いつでも、どなたでも参加可能です。

NPO法人 結芽 森のようちえん◆

〒590-0405 泉南郡熊取町大久保南
2-3-20
tel 072-447-8881 fax 072-447-8882
yume@npoyumekichi.com
〒422-8002 静岡市駿河区谷田1170-2
tel 054-263-2866 fax 054-263-2867
e-info@ecoedu.or.jp
www.ecoedu.or.jp
●ひととの関係性を体感できる里山で、「しぜんあそび」を通して、生きる力の素地となる自分らしさを培ってほしいという想いから生まれた活動です。【環境教育プログラム】

長野県

NPO法人 ふじみ子育てネットワーク 野外保育 森のいえ“ぽっち”◆

〒399-0213 諏訪郡富士見町乙事1230
研修センター
tel 0266-62-5505
www.fukosnet.com
●ありのままの子どもの姿を受け止め、子ども自ら湧き出る力を大切にする自由保育。キャンプ場を拠点にして自然とのふれあいを大切に、林の中や近隣地域の里山の中であそぶ。【信州型自然保育（特化型）認定】

岐阜県

自然育児 森のわらべ多治見園◆

多治見市内
tel 080-3062-0418（浅井）
（お問い合せは平日15:00〜18:00に）
staff@morinowarabe.org
www.morinowarabe.org
＊活動は、月〜木（年長の3学期は金も）
●「信じて待つ」を基本理念に、自然の恵みと仲間の力を通して大人も子どもも育ち合うあたたかい場所づくりを目指す。お散歩を中心に、野外料理やにじみ絵、手仕事など四季折々の活動を実施。未就園の子どもと親のお散歩会もあり。【認可外】

愛知県

森のようちえん ねっこぼっこ◆

〒486-0818 春日井市東野町西2-26-3
tel 090-8078-1761
morinohoiku@yahoo.co.jp
www.geocities.jp/kindergarten_nekkobokko
●年少〜。お散歩を中心に、にじみ絵、野外料理、季節の素朴な行事などの活動。未就園児対象の親子散歩「森ひろば」は0歳から。【認可外】
と子育てのたのしさに、「自然とのふれあいはいいよー」と発信している。【無認可】

富山県

森のようちえん まめでっぽう

自然博物園ねいの里など
tel 090-5126-6839（代表：市村）
mameceppo@gmail.com
http://mamedeppo.jimdo.com
●未就学児対象。里山お散歩を中心に、畑作業・わらべうた・さくらんぼリズム（さくら・さくらんぼ保育のリズムあそび）・手仕事などをしています。専任保育者の協力も得ながら「預け合い」も。

山梨県

社会福祉法人 神苑福祉会
みいづ保育園◆

〒404-0046 甲州市塩山上井尻692-1
tel 0553-33-6842
fax 0553-33-6934
hihara@miiduhoikuen.com
www.miiduhoikuen.com
●6ヶ月〜就学前。自然とつながったあそびが環境設定されている中で、子どもが主体的に活動します。随時途中入園も可能です。一時保育というかたちで、半日単位で体験ができます。【認可】

Fujiこどもの家 バンビーノの森◆

〒401-0305 南都留郡富士河口湖町
勝山3407-1
tel 0555-72-9995 fax 0555-72-9996
info@bambino-mori.co.jp
www.bambino-mori.co.jp
＊活動は、平日／9:00〜15:00
●午前中は森のようちえん活動（原則としてどんな天候でも野外で）、午後は教室でモンテッソーリメソッドのあそびを行っています。双方の活動が補完し合い、高め合うよう配慮しています。【認定子ども園（地方裁量型）申請中】

静岡県

NPO法人 しずおか環境教育研究会（エコエデュ）親子しぜんあそびひろば 里山のかやねずみ◆

「おさんぽ会」＊0歳〜。活動は月1回のおもに金／10:00〜13:00。
●月に一度開催のイベント型の森のようちえん。森での子育ち・親育ちのエッセンスが体験できる場です。家ではじっくりと子どもを待つ・見守ることが難しくても、森の懐に抱かれて過ごすと、子どもの思わぬたくましさや意思に気づきます。子どもへの無条件の信頼感やいとしさをぜひ持ち帰ってください。価値観の近い子育て仲間に出会えるチャンスでもあります。予定はブログで告知！【自主保育（保育スタッフ・そらまめの親が運営）】

徳島県

TOEC幼児フリースクール ◆

〒774-0043 阿南市柳島町南高川原92
tel・fax 0884-23-4807（土日休み、telでのお問い合せは16:00以降に）
toec@asahi-net.email.ne.jp
http://toec-fs.wix.com/toec
●「ほめない、しからない、認める」教育で健やかに調和的に生きる力を育む。その重要な環境である親への勉強会・関わりも大切にしている。【認可外】

熊本県

オズの森ネイチャーセンター（事務局）くまもとフォーキッズ 森のようちえんオズ ◆

〒869-1234 菊池郡大津町引水710-1
ozunomori@gmail.com
http://noasobi-kids.com
http://tajiman18.wix.com/kumamoto-kids（くまもとフォーキッズ）
（facebookページもあり）
●2008年に設立。4月入園式、2〜6歳までの未就学児37名が週末型の森のようちえんに通年で参加している。センス・オブ・ワンダーを保育理念とし、保護者も運営に参加。国内外からインターンも受け入れている。【ネイチャースクール】

※森のようちえん、自主保育は、団体ごとに規定や活動形態が大きく異なります。かならずご自身で事前に問い合せ・見学のうえ、参加をご検討ください。掲載団体とのトラブルについての責任は負いかねます。
※本リストは、[月刊クーヨン]2011年10月号掲載のものに、新たな情報を加えたものです。
※森のようちえんについては、「森のようちえん全国ネットワーク」加盟団体であることをベースに掲載しています。お近くの森のようちえんをお探しの

沼田町阿戸528-1
tel 082-839-2596
toyamaotentosan@hotmail.co.jp
http://sky.geocities.jp/toyamaotentosan
http://blog.zige.jp/otentosan4（ブログ）
●3〜5歳（年少〜年長）の預り保育。晴れでも雨でも雪でも戸外で過ごします。毎日の森あそびでは何もないところから仲間とあそびをつくり出し、たのしいことも悔しいことも経験しながらその子らしく伸びています。ほかにものつくりの日はにじみ絵、梅干しづくり、干し柿づくり、味噌づくり等。料理の日（毎週金曜日）はお米・野菜を持参して自分たちでお昼ごはんをつくります。そばにある山から薪を自分たちで取ってきて火を焚いたごはんは最高のごちそうです♪【認可外】

森のようちえん まめとっこ ◆ ようちえん「そらまめ」 親子組「さやまめ」「おさんぽ会」

広島市安佐南区・西区の森
tel 090-9947-0533
（石井／夜間・早朝はご遠慮ください）
mametokko@gmail.com
http://mametokko.jimdo.com
http://mametokko.exblog.jp（ブログ）

「そらまめ」＊年少〜年長。活動は、月〜木／9:45〜14:00。
●2011年に開園した共同保育型の森のようちえんです。保育スタッフと親たちがこころと力を合わせて運営、保育。キーワードは「子育ち・親育ち」。仲間・自然と全力であそび、ときにはぶつかり合いながらこころとからだをめいっぱい動かして、自分らしくゆっくりじっくり育ちます。親たちも運営・保育に携わることで自分と向き合い、「自分」を生きる力を取り戻していきます。自由あそびを中心に、野外料理、畑仕事、にじみ絵、季節の行事など。【共同保育】

親子組「さやまめ」＊1歳〜。活動は火／10:30〜13:15。
●いつもの仲間といつもの森へ。子どもも大人も安定・安心できる環境で、少しずつ自分を出して仲間とつながり、あそびや世界を広げていきます。「だめ・危ない・汚い・早く」を控えて、子どものやりたいこと・やらないことも大事に見守っていると、子どもの確かな生きる力に触れられます。「おかあさん」として歩みはじめたばかりの大人こそが育つ場かも。おかあさんのクラブ活動もあります。【自主保育（保育スタッフ・そらまめの親が運営）】

www.npoyumekichi.com
●森のようちえんは3歳〜就学前対象。0歳〜就学前の親子コースもあり。山、川、森、海など大阪南部の自然を活かし、生涯消えることのない五感とセンス・オブ・ワンダーを大切にしながらアクティブに活動しています。【認可外】

京都府

森のようちえん そとっこ ◆ デモクラティックスクール そらまめ

〒621-0826 亀岡市篠町上北裏33
（隅田農園内）
sotocco@gmail.com
http://soramamekameoka.wix.com/soramame（facebookページもあり）
＊活動は、月・火・木・金／9:30〜15:00
●0歳〜就学前（預り合いは3歳児以上）。親が運営する自主保育の幼稚園です。異年齢混合。自然豊かな農園で、いきいきと育まれる子どもたちのこころとからだ。大人も日々の暮らしをたのしんでいます。大人も子どもも自分を認めて受け入れるところから。毎日新しい発見があります。一緒にデモクラティックスクール そらまめも運営しています。【自主保育】

兵庫県

NPO法人 ネイチャーマジック 森のようちえん さんぽみち ◆

兵庫県西宮市甲山周辺の自然環境
（NPO法人は〒658-0047 神戸市東灘区御影3-2-11-79）
tel 078-843-8776 fax 0798-64-6751
（西宮作業所）
happy-fun-camp@naturemagic.jp
http://morinoyouchien-sanpomichi.jimdo.com
＊登園は火〜金（週4日）。
●3〜5歳児（0〜2歳児については保護者同伴の親子組に参加可能）：森あそびを中心とした、日常通園型の「見守り・待つ」自然保育。【主催者型の森のようちえん】【NPO法人】

広島県

戸山の森のようちえん おてんとさん ◆

〒731-3271 広島市安佐南区

幼児期には園外活動も積極的に行っています。給食では和食中心のメニュー、あかちゃんは手づかみで、畑・稲作の経験から食への関心と、食べる意欲につながる取り組みを大切にしています。【東京都認証保育所】

ひかり保育園

〒375-0024 群馬県藤岡市藤岡2378
tel 0274-50-8855 fax 0274-22-5002
hikarihoikuen@deluxe.ocn.ne.jp
●幼児期の子どもにとって数多くの生活体験を経験することは、基本的な生活習慣を身につけるうえでとても大切なことです。当園では、集団生活の中でそれぞれが個性をのばし、こころ豊かな人間として成長していけるようカリキュラムを組み、保育を行っています。【認可】

NPO法人 子育てサポートくるみ くるみ共同保育園

〒583-0844 大阪府羽曳野市
壺井508-1
tel 072-957-3282 fax 072-958-4089
kurumi@kosodate-kurumi.com
http://kosodate-kurumi.com
●緑豊かな広い園庭と、木造の広いホールの園舎があり、子どもたちが思いきりあそび、走り回れる環境を大事にしています。野菜中心の手づくり給食を食べ、仲間と思う存分あそび、たっぷり寝ることでからだもこころも育つことを大切にした保育を行っています。【認可外】【NPO法人】

トトロ幼稚舎

〒235-0033 神奈川県横浜市磯子区
杉田3-22-44
tel 045-775-4883／045-775-0140
fax 045-775-4883
totoroshimane@jcom.home.ne.jp
http://totoroyouchisya.whitesnow.jp
●毎週火曜日、メザシの日。飯ごうでごはん炊き。野菜を切って、味噌汁づくり。メザシを焼いて昼ごはん。
歩く。毎日公園や山へ。年長組は無人の小屋に泊まって山登り。

自転車。年少組、自転車の練習。年中組、往復20km走れるようになる。年長組、湘南海岸や丹沢の山の中をサイクリング。

雨のとき。レインコートを着て活動。雨の運動会、雨の遠足、雨のサイクリング。雨の日は別世界。卒園しても小学校6年間、野外活動を続けます。【認可外】

そのほか……

［月刊クーヨン］の取材にご協力いただいたことのある園・団体

2011年10月号以降に登場した園・団体を追加でご紹介します。

青空自主保育なかよし会

神奈川県鎌倉市の中央公園をはじめ、谷戸を中心とした野外
nakayoshikai_kamakura@yahoo.co.jp
http://nakayoshikai1985.blog14.fc2.com
●1〜3歳対象。鎌倉中央公園や山崎の谷戸を中心に野外で活動。潮の香り、土の匂いを全身で感じながら、いきいきとあそぶ子どもたちと一緒に鎌倉の四季をたのしんでいます。

NPO法人 青空保育たけの子

〒992-0118 山形県米沢市上新田1166
tel 070-1143-1166
fax 024-545-0535
aozoratakenoko@gmail.com
www.takenoko-aozora.org
●自然の中で子どもも大人もともに成長することを目的とした森のようちえんです。外あそび中心の保育で、園のあそび場や山や川など自然の中でのびのびとあそび、畑で作物を育て、生きる力や感じるこころを育みます。1〜5歳対象、活動は月〜金の縦割り保育。福島からの無料送迎を行っています。【米沢市認可外保育園】

NPO法人 東大駒場保育の会 東大駒場地区保育所

〒153-0041 東京都目黒区駒場3-8-1
東京大学教養学部男女共同参画支援施設内
tel・fax 03-3465-3680
komabaho@io.ocn.ne.jp
www.komabaho.server-shared.com
●園舎は駒場キャンパス内にあり、0歳児から自然に触れ、四季を体感できる環境でのお散歩、水・砂・泥で思いっきりあそびこみ、

際は下記の協会のホームページなどを参考にしてください。

森のようちえん全国ネットワーク［事務局］
〒201-0004 東京都狛江市岩戸北4-17-11
NPO法人国際自然大学校内
tel 03-3489-6320 fax 03-3489-6921
info@morinoyouchien.org
http://www.morinoyouchien.org
●自然環境の中での幼児期教育(保育)の普及・啓発および調査研究、情報の収集および発信、開催者と利用者の橋渡し、交流支援、セミナー開催・国内外の視察を行っています。

＊自主保育については「しんぽれん」「ちいくれん」に情報提供のご協力をいただきました。お近くの団体をお探しの場合は、ご連絡してみてください。

しんぽれん(新しい保育を考える会)
活動場所…東京都世田谷区羽根木公園内羽根木プレーパーク
定例会…毎月第2金曜日10:30〜12:00
tedukuriyouchien@gmail.com (小浜)
●しんぽれんは、おもに東京近郊で活動している自主保育グループのネットワーク。1980年に発足し、自主保育活動の情報提供・普及啓発、自主保育のノウハウを活かして子育て環境を豊かにするための調査研究なども行っている、民間の子育て支援グループです。毎月ニュースレターを発行しているほか、定例会では、他の会との交流や情報交換のほか、新しい会の立ち上げも支援しています。

ちいくれん(地域で子育てを考えよう連絡会)
活動場所…神奈川県川崎市宮前区有馬ふるさと公園・川崎市子ども夢パークなど
定例会…毎月第3水曜日10:30〜12:00
(12月3月は第2水曜日)
tel 090-4670-9049(森合牧子)
http://chiikuren-kawasaki.jimdo.com
●川崎市で活動する就学前までの自主保育のネットワークです。会同士の交流や情報交換、子育てについて話し合う定例会の開催、ニュースレターの発行にとどまらず、自主保育についての広報活動、地域への催しへの参加、行政に対する働きかけなども行い、親も子もこころ豊かに子育てできる環境を地域ぐるみでつくっていきたいと考えています。

びのびとあそび、芸術的な療育を受け、子どもたちの個性が花開いています。大人が学ぶことを大切に、保護者のための勉強会やシュタイナー療育士養成コースを行い、全国から参加者が集まっています。【認可】

社会福祉法人 東香会 しぜんの国保育園

〒194-0035 東京都町田市忠生2-5-3
tel 042-793-4169 fax 042-793-4170
http://toukoukai.org/wordpress/sizen

●1979年、町田市に開園。「しぜんの国保育園」は、禅寺に隣接し、緑豊かな環境に囲まれた施設です。子どもたちは、自然の中でさまざまな経験を手に入れ、自ら強く生きるための知恵を学びます。「自然・芸術・食育」を保育の3つの柱とし、創造力、表現力、自己決定力を身につけます。アトリエリスタ(芸術士)もおり、乳児の部屋と「音楽室」「建築室」「アトリエ」「ラボ」「図書室」など子どもたちの主体的なあそびを創造できる環境をこころがけています。【認可】

NPO法人 ごかんたいそう

「ごかんのいえ」(1・2歳向けの保育園)
〒249-0007 神奈川県逗子市
新宿3-2-33
「ごかんのもり」(3〜5歳向けの保育園)
〒249-0007 神奈川県逗子市
新宿4-7-32
5kantaiso@gmail.com
http://gokantaiso.org

●海と山に恵まれた場所、逗子披露山にて、「ごかんのいえ」と「ごかんのもり」を運営しています。パーマカルチャー農園を併設しており、自然と共生するくらしを、乳幼児の原風景として積み重ねていけるような環境づくりに取り組んでいます。2016年初夏からは、「ごかんのもり」で収穫した野菜の種を付録にしたフリーペーパー「ごかんのたね」を街中に配布していきます。【認可(小規模保育)】ごかんのいえ【認可外】ごかんのもり

中に、保育者と父母が手をつなぎ合い、支え合い、成長し合うことを「共育て共育ち」と呼んで、日々の暮らしの原点にしています。さまざまな活動や行事を父母と園が協力し合い行っています。大人同士がたのしそうにしている姿は、子どもたちにとってうれしいことです。子どもたちは、ひととつながることのよろこびや大切さを、たくさんの大人の姿から学んでいくと思います。【認可】【私立】

学校法人 みねまち学園 嶺町保育園

〒146-0091 東京都大田区
鵜の木2-41-16
tel 03-3758-2634 fax 03-3758-6071
welcome@minemachigakuen.com
www.minemachigakuen.com

●シュタイナー教育をベースにし、季節を豊かに取り入れた生活と手づくりおもちゃが引き出す、想像的なあそびを大切にしています。シンプルで美しい環境や芸術体験(水彩、歌あそび、素話など)が幼児の感覚をいきいきと伸ばします。週に数回、多摩川土手に出かけてたのしみます。3歳クラスと4・5歳縦割りクラスです。未就園児親子クラスがあります。【学校法人】

美空野保育園

〒314-0012 茨城県鹿嶋市
平井1178-20
tel 0299-95-9215 fax 0299-95-9234
sora-nohara.2013@ktj.biglobe.ne.jp
www.ans.co.jp/n/misonohoikuen

●「みんないっしょに暮らそうよ」ということを保育園のテーマにしています。「あなたはあなたのいろがあるんだよ。そのいろをそだてていこうね。そして、みんなとからみあって生きていくことを、おもしろがっていくちからをそだてていこうね」と日々暮らしています。そして、水と木と風と土と建物が子どもたちのあそびをくり広げていく……そんな環境を大切にしています。【認可】

一般社団法人 シュタイナー療育センター 光こども園

〒399-8501 長野県北安曇郡
松川村685-1
tel 0261-85-0014 fax 0261-85-0214
http://steiner-ryouiku.net

●シュタイナー治癒教育を柱とした光こども園は、0歳から18歳までのスペシャルニーズのある子どもたちのための場です。北アルプスの見える安曇野の自然の中で、の

公益財団法人 キープ協会 キープ自然学校内 キープ森のようちえん♪

〒407-0301 山梨県北杜市高根町
清里3545
tel 0551-20-7701 fax 0551-48-2143
(telでのお問い合せは9:00〜18:00に)
gakko@keep.or.jp
www.keep.or.jp/taiken/kazoku/yochien.php

●標高1400mの清里高原を舞台に、晴れの日も、雨の日も、雪の日も、昼も夜も森へ出かけます。フィールドは森・川・渓谷・山・草原などの大自然。子どもたちが森へ過ごす間、大人も森で「わたし」に戻る「大人解放区」を実施しています。子どもだけでなく、ご家族まるごと、そのまんまでお越しください。不定期開催なので、詳しくはホームページをご覧ください。【キープ森のようちえんプロジェクト(不定期開催)】

りんごの木 子どもクラブ

「見花山教室」
〒224-0066 神奈川県横浜市都筑区
見花山12-23
tel 045-941-0850 fax 045-941-0467
「茅ヶ崎南教室」
〒224-0037 神奈川県横浜市都筑区
茅ヶ崎南5-2-5
tel・fax 045-945-1023
ringo@lares.dti.ne.jp
http://ringono-ki.org
www.lares.dti.ne.jp/~ringo (webマガジン)

●りんごの木の保育は1982年以来30年以上にわたって、「子どもの心により添う」を基本姿勢に展開されてきました。大人が「どういう子に育てたいか」ではなく、子ども一人ひとりが「どう育とうとしているのか」をよく見ること。幼児はいまをありったけ生きています。育つために必要なことを、あそびやいたずらや友だちとの関わりの中で、たっぷりと堪能し、獲得していきます。それが大きくなっていくということなのです。子どもは心底信頼できると思っています。【認可外】

社会福祉法人 はとの会 鳩の森愛の詩保育園

〒245-0008 神奈川県横浜市泉区
弥生台1-8
tel 045-811-5002 fax 045-811-5875
hatonomori-08@hatonomori.jp
www.hatonomori.jp/shisetsu/hatonomori_info.html

●鳩の森愛の詩保育園は子どもたちを真ん

クレヨンハウスの本

月刊 クーヨン から生まれた育児書です！

マタニティ期から頼れる“自然な子育て”のバイブルいろいろ

クーヨン BOOKS

シュタイナーって おもしろそう

クーヨン BOOKS❶
『シュタイナーの子育て』
A4変型　144ページ
定価（本体1,500円＋税）

家庭で できるケア

クーヨン BOOKS❷
『あかちゃんからの自然療法』
A4変型　128ページ
定価（本体1,400円＋税）

ユニークな 世界の教育から 子どもを知る

クーヨン BOOKS❸
『のびのび子育て』
A4変型　144ページ
定価（本体1,500円＋税）

自分でできる！ 笑顔になれる！

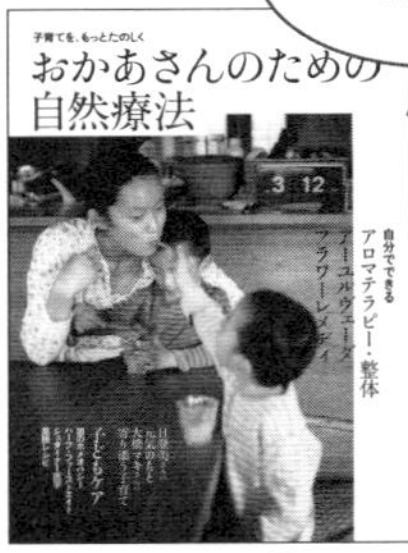

クーヨン BOOKS❹
『おかあさんのための自然療法』
A4変型　128ページ
定価（本体1,400円＋税）

はじめての 子育て入門書

クーヨン BOOKS❺
『ナチュラルな子育て』
A4変型　128ページ
定価（本体1,400円＋税）

子どもへの接し方が よくわかる！

クーヨン BOOKS❻
『モンテッソーリの子育て』
A4変型　128ページ
定価（本体1,400円＋税）

女性に 役立つケア

クーヨン BOOKS❼
『女性のためのナチュラル・ケア』
A4変型　144ページ
定価（本体1,500円＋税）

いのちの訪れを のびやかに 受けとめる

クーヨン BOOKS❽
『のびやかな妊娠・出産』
A4変型　112ページ
定価（本体1,300円＋税）

子どもとの関係が おだやかに

クーヨン BOOKS❾
『親がラクになる叱らないでOK！な子育て』
A4変型　112ページ
定価（本体1,200円＋税）

おやつで心身を 健やかに

クーヨン BOOKS❿
『からだにやさしい子そだておやつ』
A4変型　80ページ
定価（本体1,200円＋税）

子どもの 「成長する力」を 信じて引きだす

クーヨン BOOKS⓫
『1·2·3歳のからだケア』
A4変型　80ページ
定価（本体1,000円＋税）

家庭でしか できない経験を！

クーヨン BOOKS⓬
『できる子になる！0歳からのお手伝い』
A4変型　128ページ
定価（本体1,500円＋税）

http://www.crayonhouse.co.jp